Gramática de la cultura (I)
Estilos de conversación

La experiencia hispano-alemana

**Causas de los malentendidos culturales y los estereotipos
Teoría y práctica a través de textos, imágenes y tareas
¿Cómo les vemos? ¿cómo nos ven? ¿por qué?
Práctica de las cuatro destrezas**

LA AUTORA

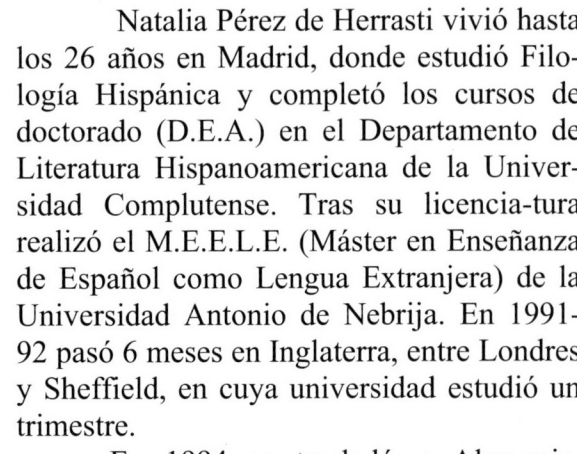

Natalia Pérez de Herrasti vivió hasta los 26 años en Madrid, donde estudió Filología Hispánica y completó los cursos de doctorado (D.E.A.) en el Departamento de Literatura Hispanoamericana de la Universidad Complutense. Tras su licencia-tura realizó el M.E.E.L.E. (Máster en Enseñanza de Español como Lengua Extranjera) de la Universidad Antonio de Nebrija. En 1991-92 pasó 6 meses en Inglaterra, entre Londres y Sheffield, en cuya universidad estudió un trimestre.

En 1994 se trasladó a Alemania, donde ha trabajado hasta hoy como lectora de español en la universidad de Gotinga. También en 1994 comenzó a investigar las interferencias culturales (y lingüísticas) hispano-alemanas, con creciente intensidad y dedicación. Ha publicado diversos artículos sobre el tema y ofrecido conferencias y talleres en varios *"Fremdsprachentage"* y Jornadas de Formación de profesores de Baviera, Renania del Norte-Palatinado, el Sarre o Heidelberg, organizadas por diversas asociaciones de profesores, como el DSV, y por la Consejería de Educación de la Embajada de España.

También se ha especializado en las interferencias típicas de los hablantes de alemán que aprenden español, haciendo hincapié en las interferencias léxicas. Sus trabajos en este campo se publicarán próximamente.

Colaboró con Mercedes Suárez y Mercedes Pico de Coaña en una antología temática de literatura hispanoamericana, "La América real y la América mágica", que publicó la Universidad de Salamanca en 1998, y años más tarde reeditó el Instituto Caro y Cuervo en Colombia. En el ámbito de la interculturalidad, en 2009 se publicó su artículo "Malentendidos culturales y sus orígenes históricos: el papel del dinero."

Natalia Pérez
de Herrasti

Gramática de la cultura I
Estilos de conversación

La experiencia hispano-alemana

**Causas de los malentendidos culturales y los estereotipos
Teoría y práctica a través de textos, imágenes y tareas
¿Cómo les vemos? ¿cómo nos ven? ¿por qué?
Práctica de las cuatro destrezas**

Más información sobre próximas publicaciones,
fechas de aparición de los próximos tomos
de „Gramática de la cultura", conferencias, cursos,
materiales audiovisuales complementarios etc. en :

http://herrasti.bodautor.de

Bibliografische Information der Deutschen Nationalbibliothek:
Die Deutsche Nationalbibliothek verzeichnet diese Publikation in der Deutschen Nationalbibliografie;
detaillierte bibliografische Daten sind im Internet über
http://dnb.d-nb.de abrufbar

Titelbild: Celeste Romero
Cover: Natalia Pérez de Herrasti
Bilder: Natalia Pérez de Herrasti
Layout: Natalia Pérez de Herrasti
Lektorat: Natalia Pérez de Herrasti
ISBN: **9-783842-335998**
2. Auflage
© 2010 Natalia Pérez de Herrasti
 Herstellung und Verlag: Books on Demand GmbH, Norderstedt

*A los puentes, que gozan y sufren
la aventura intercultural, imprescindibles pero
aún incomprendidos por un mundo
mayoritariamente etnocéntrico*

*A los que de manera natural son capaces
de contemplar una misma cosa
desde distintas perspectivas*

*A los de horizontes anchos y curiosidad insaciable,
aunque no hayan salido nunca de su pueblo*

*A mis estudiantes, que a lo largo de los años
me han enseñado a ver mi cultura con sus ojos*

*A todos los que, con sus historias o sus libros,
han ido trazando estas líneas en mi memoria.*

¿Para qué y para quién es adecuado este libro?

"Gramática de la cultura" constituye un material apropiado para cursos de lengua a partir del nivel B1, tanto en la VHS, como en la escuela o la universidad, sea como lectura complementaria para cursos que siguen un *Lehrbuch,* o como material único para un curso centrado en la interculturalidad y la práctica de las destrezas. También es muy adecuado para cursos de empresas, especialmente interesadas en la competencia intercultural, o para estudiantes autodidactas, por ejemplo los que trabajan en las muchas *Stammtisch* para practicar español que hay en Alemania. Si son mixtas, con hispanos y alemanes, todos sacarán mucho más partido de las tertulias al poder unir las dos perspectivas.

Además de los testimonios directos (selección de más de 200 personas entrevistadas) recoge una amplia bibliografía y fragmentos seleccionados de ella, así como imágenes que ilustran los temas tratados. Dichas imágenes y otros materiales audiovisuales muy útiles para los profesores pueden encontrarse en la página web
http://herrasti.bodautor.de

En general toda persona que vive una experiencia intercultural semejante (sean hispanos, alemanes o personas de culturas que pueden identificarse con los estándares culturales de unos u otros, que son casi todas, como puede verse por los testimonios sobre Italia, E.E.U.U., Inglaterra, Turquía, Brasil etc.) suele afirmar que debería ser obligatorio leer este libro antes de un intercambio tipo Erasmus u otros semejantes.

La competencia intercultural, además de ser algo cada vez más demandado en el mundo laboral, es un conocimiento/capacidad que promueve el crecimiento personal, el autoanálisis, la seguridad en uno mismo y la sociabilidad. La capacidad de análisis de las relaciones y de introspección, de toma de conciencia de uno mismo como ser modelado por una cultura y como individuo, hacen madurar y son muy útiles no sólo en el trato con personas de otras culturas sino también en la interacción con nuestros compatriotas, ya que en nuestro propio país también se producen estas diferencias, aunque en menor grado.

ÍNDICE

Introducción: las dimensiones de Hofstede   9
    ▶ Actividades de reflexión   21
Estilos de conversación   33
    ▶ Actividades pre-lectura y durante la lectura   34
    Lo que dicen los hispanos   38
    Lo que dicen los alemanes   55
    ▶ Actividades post-lectura   72
Conclusión   79
    1. Contexto fuerte/ contexto débil   79
        1.a. Decir que no   79
            1.a.1. No que puede ser sí.   80
            1.a.2. No sin decir la palabra no.   82
            1.a.3. Sí puede ser no.   83
        1. b. Protestar y criticar   84
        1.c. Insultar   88
    2. Cortesía positiva o negativa   88
        2.a. Separación entre la cara pública y la privada.   90
            2.a.1. Humor   91
            2.a.2. Tuteo   93
            2.a.3. Temas de conversación   95
        2.b. Mostrar condolencia o interés por las preocupaciones de los otros   97
        2.c. Estilo conversacional estructurado frente a estilo sin objetivo claro y con interrupciones.   98
        2.d. Poca fiabiliadad/ fiabilidad de lo que se dice.   100
        2.e. Interpretaciones del silencio.   102
        2. f. Entonación, gestualidad, exageración   104
        2. g. Modestia: pronunciación de palabras extranjeras y aceptación de cumplidos.   105
        2. h. Al teléfono. (Atender al teléfono, y a conocidos que llaman para hablar con otra persona)   109
        2. i. Oralidad.   114
        2.j. Motes   115
        2.k. Piropos   117
        ▶ Actividades post-lectura. Comentario de fotos y textos   120
Bibliografía   137

Otras publicaciones de la autora

Próximamente saldrán otras publicaciones relacionadas con éste y otros aspectos del aprendizaje del español. "Gramática de la cultura" consta de 4 volúmenes. Las observaciones que los informantes hacían se dirigieron también a otros ámbitos además de los tratados en el volumen I. En los próximos tomos se incluirán temas como: Carácter, Relaciones (familia, amigos, pareja) Individualismo/colectivismo, La casa/La calle, Comida, Organización, Ropa, Costumbres, Ocio y clima, Orientación a corto/largo plazo, Reglas y horarios, Sistema educativo, Trabajo, Tráfico, Trato con los animales, Niños de la tercera cultura o Diferencias regionales.

También se publicará en breve "Dos visiones del mundo en imágenes". Este libro presenta más de 25 temas contrastados a través de fotos que reflejan los distintos valores culturales sobre los que reflexiona "Gramática de la cultura" y que son el objetivo central del análisis intercultural. Son temas como: animales, la casa, tiendas, parques, niños, gente mayor, ventanas, a la compra, balcones, tumbas, pies etc. Se pueden usar para comentarlas y debatirlas en clase o en grupo de trabajo, o en una *Stammtisch Spanisch...* Incluye comentarios y explicaciones.

La autora prepara también un libro sobre "Errores típicos." Se compone de materiales con los que trabaja desde hace años en sus clases de la universidad, basados en un trabajo de investigación a partir de numerosos textos de estudiantes. Especialmente novedosos son los apartados dedicados a errores léxicos. El libro trabaja con esos errores que se repiten innumerables veces y que los libros de texto no explican.

Para recibir información sobre estas y otras publicaciones, puede escribir a **naherrasti@yahoo.es** o entrar en esta página web donde, además, encontrará material audiovisual complementario:

http://herrasti.bodautor.de

INTRODUCCIÓN: las cinco dimensiones de Hofstede

Mi experiencia en la enseñanza me dice que, junto a las muchas actividades para despertar la conciencia cultural, la capacidad de reflexión y observación, los aprendices necesitan ejemplos y experiencias reales. Sin ello todo lo demás es vano. No se lo acaban de creer, sobre todo si tienen poca o ninguna experiencia intercultural, mal analizada y poco reflexionada. Por eso quise ofrecer un libro en el que muchas voces desgranaran a coro la experiencia hispano-alemana (y otras pero en menor grado) mostrando ambos puntos de vista de manera complementaria y muy concreta. Sólo con este "perspectivismo" es posible conseguir la competencia intercultural, competencia que podríamos definir como la capacidad para ver el mundo desde distintos puntos de vista, para cambiar de "gafas".

Quienes aprenden español o alemán necesitan saber qué sorprende a los alemanes de la cultura hispana y viceversa. Integrar el factor afectivo hace que se impliquen mucho más en su aprendizaje. La teoría sola resulta abstracta, seca y poco creíble. Pero no basta con informar de que los niños en los colegios de Hispanoamérica llevan uniforme, y que la gente no se quita los zapatos cuando entra en una casa, que cruzan los semáforos en rojo y comen y cenan tardísimo. Tampoco es suficiente decir cuántos hispanos pensaron en un primer momento que los alemanes eran fríos, o cuántos alemanes pensaron que los hispanos eran superficiales. Necesitan saber también por qué piensan esto, de qué maneras distintas interpretan unos y otros la misma situación, cómo se sintieron ante las diferencias, cómo se enfrentaron a ellas, cómo se adaptaron o integraron, si esas diferencias les fascinaron y atrajeron, o les entristecieron, por qué, cuándo...

La aventura intercultural va acompañada de sentimientos diversos: fas-cinación, diversión, risa, dolor, frustra-

> *¿Por qué se titula el libro "Gramática de la cultura"?*

ción, incomprensión, represión de emociones... Necesitamos que nos las cuenten personas reales, de carne y hueso, que se alegran y sufren, que disfrutan y se sienten molestas. Que nos lo cuenten con su propia voz, no sólo a través de abstractos y descarnados textos teóricos. Sólo el análisis de muchas experiencias, unido a los estudios teórico-empíricos sobre el tema, nos permiten saber qué es relevante en el análisis intercultural. Y sobre todo necesitamos saber por qué los otros piensan que somos fríos o superficiales, cuáles son las formas de actuar que causan estas interpretaciones, cuáles son los distintos estándares culturales que producen los malentendidos. Aprender a cambiar la perspectiva.

Durante varios semestres pedí a mis estudiantes como tarea escrita que entrevistaran a un hispano que hubiera vivido un tiempo en Alemania y a un alemán que hubiera vivido un tiempo en un país hispano. Por un lado quería empujarles a conocer hispanos y, quizá, a mantener un tándem de conversación con ellos. La entrevista les daba una excusa para perder la timidez inicial. Por otro quería que tuvieran experiencias de primera mano sobre el tema de la interculturalidad. Así se implicarían mucho más en los debates de clase. Yo tenía miles (¡cifra española!= algo exagerada) de experiencias propias y ajenas recogidas, así como referencias bibliográficas, pero no había tiempo para contárselas todas. Además el estudiante alemán tiende a no querer oír demasiado a su profesor. Aunque muchos escribían que lo que más les gustó del curso fueron las historias que les contaba, sabía que tenía que dosificar, relatar sólo lo que fuera necesario para contestar a las preguntas y comentarios que surgían.

Es importante que quede clara la diferencia entre un estereotipo (que no debe ser enseñado) y un estándar cultural (que sí debe ser enseñado). Hay distintas clases de estereotipos: quienes piensan que los españoles van vestidos de toreros y los alemanes con *Leder-hosen*, están tomando la parte por el todo. Pero quienes piensan que los alemanes son fríos o los hispanos superficiales están interpretando un código de conducta diferente desde sus propias coordenadas culturales. Lo que para un alemán tiene un significado un hispano puede interpretarlo de manera totalmente distinta.

> ¿Qué es la competencia intercultural? ¿Por qué para alcanzarla es tan importante no quedarse en anécdotas sino profundizar en los estándares culturales que hay tras ellas?

No enseñamos la gramática frase por frase, sino que damos las reglas que nos ayudan a comprender muchas oraciones que nunca hemos visto en clase. De igual manera, comprender los sistemas de valores culturales que se descubren tras los conocimientos anecdóticos, nos lleva a entender muchas situaciones, no sólo las analizadas en el curso.

Estos contenidos siempre me han parecido fundamentales, desde que, en 1993, cuando cursé el Máster en Enseñanza de E/LE, mis profesores, sobre todo Lourdes Miquel, nos insistieron tanto en ellos. Siempre eché de menos libros adecuados para la enseñanza que explicaran aquello que, en teoría, nos decían que era tan importante. No entendía por qué las editoriales no llevaban a la práctica lo que en el mundo de la didáctica se consideraba cada vez más esencial. Por eso decidí reunir las observaciones de las entrevistas por temas, pensando que me llevaría un par de días y resultarían unas 20 páginas. Mi sorpresa fue que, conforme pasaban los días, el trabajo no se terminaba, y el número de páginas no paraba de aumentar. Surgían nuevas ideas, comentarios, tareas de reflexión y explicaciones teóricas necesarias para trabajar los textos, citas de libros, ilustraciones, imágenes, testimonios recogidos por mí que completaban el cuadro... A veces quería tirar la toalla. Parecía que no iba a terminar nunca, pero comprendía que el valor añadido estaba en todo aquello que lo haría útil para el aprendizaje, que empezaría a ofrecer aquello que había echado de menos desde que empecé mi labor profesional.

¿En torno a qué temas se estructura el libro?
¿Por qué esos temas y no otros más abstractos como las dimensiones de Hofstede u otros autores?

Este tomo recoge sólo una mínima parte de los capítulos que resultaron. Y los temas no los proponíamos los entrevistadores. Los informantes podían hablar de cualquier aspecto que les hubiera llamado la atención en la otra cultura. Estos son los temas que ellos, libremente, más trataron: Conversación, Carácter, Relaciones (familia, amigos, pareja) Individualismo/ Colectivismo, Organización (tráfico, horarios etc.), Ropa, Costumbres, Ocio, Clima, La casa-la calle, Comida, Sistema educativo, Trabajo. Estos y otros temas (Diferencias regionales, Niños de la tercera cultura etc.) serán tratados en los próximos tomos de "Gramática de la cultura".

Espero haber alcanzado la meta propuesta. Espero que muchos estudiantes se sientan sumergidos en otra cultura (y conscientes de la la propia) a través de los testimonios, y que, mediante las tareas de reflexión, empiecen al menos a vislumbrar la "gramática" de la cultura, los estándares o sistemas de valores culturales que subyacen a nuestros actos y que causan nuestras distintas formas de ver el mundo y de actuar. He trabajado con "Gramática de la cultura" en cursos de Preparación y Evaluación de la Estancia en el Extranjero de la universidad de Göttigen con grupos mixtos de estudiantes alemanes que van a ir a un país hispanohablante e hispanos que están haciendo su estancia en mi universidad. En dichos cursos he observado cómo las actividades les dan pie para hablar de manera entusiasta durante horas y horas, mientras me cuentan que, desde que han leído el libro, van analizando todo lo que les pasa y explicando a sus parientes por qué esto o aquello que han hecho es típico y qué significa (lo que llamamos "toma de conciencia intercultural") Su entusiasmo, su sorpresa ante el hecho de que no les hayan enseñado contenidos tan necesarios en el colegio, me han motivado a seguir una y otra vez. Frecuentemente he oído comentarios de esos que llegan muy adentro y nunca se olvidan, como el de una estudiante que, tras el escepticismo inicial, a mitad de curso me dijo entre conmovida y asombrada: "ahora entiendo mi vida" y tuvo la confianza de explicarme lo suficiente de su biografía (su infancia en Chile con padres alemanes y amigos chilenos) como para que entendiera a qué se refería. ¡Tantos estudiantes y amigos me han contado tantas cosas a lo largo de los años! Gracias a todos por ello.

¿En qué sentido el conocimiento y la competencia intercultural pueden ayudar a mucha gente, razón por la cual cada vez se demandan más cursos al respecto?

He conocido a muchos extranjeros (no sólo hispanos) residentes en Alemania que, cuando oyen hablar de estos temas, se vuelven como esponjas, necesitados de alguien que les explique tantas cosas que no entienden y de las que ni siquiera se atreven a hablar por miedo a que les acusen de no haberse adaptado. Su sufrimiento, muchas veces callado, en ocasiones no reconocido ni ante sí mismos, es una de las principales motivaciones de este libro. Quiero darles voz porque sé cuánto lo necesitan. Allá donde voy me encuentro también a alemanes que tienen o han tenido experiencias interculturales profundas (familiares frecuentemente) y me miran con sed existencial que parece decir: "Tú tienes las claves de mi vida. ¡Explícamela, por favor!" También es fundamental que escuchemos su voz. No puedo estar más de acuerdo con la antropóloga francesa, Raymond Carroll, que, al analizar los malentendidos franco-americanos, reclama la existencia de terapeutas culturales.

Pero antes de empezar quisiera presentar uno de los enfoques que más han iluminado la investigación para este trabajo. Si primero fui reuniendo las diferencias entre nuestras culturas a partir de las experiencias que amigos, conocidos, estudiantes (y todo aquel con quien me tropezaba y tenía ganas de hablar, es decir, casi todos) me contaban o que yo misma tenía, luego quise buscar un apoyo teórico a todo esto y encontré varios que me interesaron muchísimo. Presentaré sólo a Hofstede por no cansar al lector y porque es el más relevante y amplio, ya que su estudio abarca encuestas a más de 100.000 trabajadores de IBM en 50 países y 3 regiones (como por ejemplo África Oriental) que incluyen casi todo el mundo. Además sus dimensiones se basan en muchos trabajos anteriores de otros colegas suyos y los estudios posteriores sobre el tema confirman una y otra vez los resultados de Hofstede.

La estructura de este libro no sigue la del antropólogo holandés, ya que los informantes no categorizan sus experiencias (con la excepción del individualismo, que mencionan expresamente) según dimensiones abstractas como las de Hofstede sino desde ámbitos para todos conocidos, como la casa, la conversación, las relaciones padres-hijos etc... Pero detrás de sus afirmaciones pueden descubrirse las 5 dimensiones, que lo explican casi todo. Constantemente nos referiremos a ellas, porque nuestro objetivo es descubrir las "reglas" de la cultura tras los hechos, no quedarnos en anécdotas superficiales aisladas, por la misma razón por la que explicamos las reglas de la gramática y no nos conformamos con que aprendan que en una frase concreta se usa el subjuntivo, o leyendo un texto, no nos interesa sólo que comprendan esas líneas concretas sino que aprendan a ser buenos lectores, a tener buenas estrategias de lectura. Sabemos que no basta con decir : En la frase "no creo que venga" hay que usar subjuntivo. Lo que hacemos es explicar por qué (los verbos de lengua, entendimiento y percepción en forma negativa llevan subjuntivo) para que eso les permita entender y producir no sólo esa frase, sino muchas otras. De igual modo, explicar el estándar cultural (Ej: colectivismo o "*Personenorientierung*", cultura orientada a las relaciones, frente a cultura orientada a los asuntos, las metas) tras una situación les permitirá entender muchas otras situaciones. Trabajando así conseguimos un efecto de aprendizaje mucho mayor, extensible no solo a las situaciones, frases, textos tratados en clase, sino a muchos otros que nunca podríamos analizar en su totalidad por ser incontables. Las dimensiones de Hofstede nos ayudarán a encontrar ese corpus de "reglas" tras los hechos.

> *Explica esta frase:*
> *Estas clasificaciones no niegan la individualidad, ni las diferencias sociales, regionales etc. dentro de cada cultura. También existen esas diferencias en el lenguaje y eso no nos impide decir que todos hablan alemán, aunque cada uno tiene su propia manera de hacerlo.*

Por supuesto no podemos analizar las diferencias y semejanzas exhaustivamente, ya que eso llevaría muchos más libros. No podemos analizar detalladamente las diferencias entre los diversos países hispanos, ni entre las diversas regiones, aunque existen. Baviera y Colonia son, en lo que a mentalidad se refiere, muy distintas a Berlín, Sajonia, o Schleswig-Holstein. Cataluña es muy distinta a Andalucía. Pero en clase tampoco enseñamos toda la gramática de la lengua española, con todas sus matizaciones, variedades y excepciones, tal como aparece en algunas gramáticas de miles de páginas. La enseñanza es, casi siempre, una simplificación, salvo que estemos formando expertos en un asunto muy puntual. Aquí sólo es posible ofrecer un primer acercamiento al tema. La simplificación sólo es negativa si oculta elementos esenciales, falsificando así lo analizado. Pero simplificar es el necesario primer paso al acercarse a una materia en la que, posteriormente, se puede profundizar.

Evidentemente estas generalizaciones dan por supuesto que existe la individualidad, que no somos clones. Y el lector inteligente aplicará su sentido común y sabrá que no debe aplicar estos conocimientos automáticamente a todo hispano o todo alemán, sino sólo servirse de ellos para formular hipótesis explicativas cuando vea actuaciones de personas de la otra cultura que le resultan incomprensibles, molestas e incluso ofensivas, cuando se enfrente a esa desorientación propia de quien convive con personas de otra cultura. Y sabrá también el lector inteligente que esas hipótesis deben ser confirmadas por más hechos o conversaciones. Es decir, que tiene que tomarse la molestia (que no es tal, sino uno de los mayores placeres de la vida) de conocer a cada individuo como tal.

¿Con cuáles de estas explicaciones estás de acuerdo? ¿Con cuáles no? Explica tu respuesta

"No se puede generalizar" significa:

a) No hay diferencias entre hispanos y alemanes sólo entre unos individuos y otros. Es decir, no hay diferencias entre culturas, sino sólo individuales. No se puede decir que los hispanos sean más abiertos que los alemanes, por ejemplo.

b) El hecho de que los hispanos sean más abiertos no significa que no deba yo tomarme la molestia de conocer a cada uno como individuo y aceptar que también puede haber hispanos poco abiertos o menos abiertos en unos aspectos aunque sí lo sean en otros. Es decir, que eso de ser abiertos es cierto en general (*insgesamt*), en comparación con los alemanes, (depende de la perspectiva) pero hay que matizarlo, explicarlo y concretarlo. Y hay excepciones.

c) No se debe hablar de diferencias porque todos somos iguales y no debemos fomentar los estereotipos.(¡Pero debemos alcanzar una competencia intercultural! ¿cómo?)

d) Un bávaro habla distinto que un sajón o un berlinés. Incluso dos berlineses hablan distinto, porque cada persona tiene una manera personal de usar su lengua. Pero se puede afirmar que eso que hablan es alemán. Con su lenguaje cultural ocurre lo mismo: "usamos" o no determinados estándares, hábitos, modos de actuar, palabras...pero los conocemos y entendemos con la riqueza de matices y asociaciones con que los conoce un nativo.

Las cinco dimensiones de Hofstede

Sólo podemos presentarlas muy superficialmente, por lo que recomiendo a quien tenga interés que lea sus libros. El antropólogo holandés Geert Hofstede ha investigado las diferencias de mentalidad entre países en torno a 5 dimensiones:

El individualismo es la única dimensión en la que se aprecian cambios, y cuya causa está demostrada. ¿Cuál es esa causa? ¿Por qué si preguntamos a muchos alemanes y a muchos guatemaltecos cómo ven a los españoles, lo que dicen los primeros es, en muchos aspectos, casi lo contrario de lo que dicen los segundos?

Individualismo/ colectivismo

El individualismo es la única dimensión cuya causa se puede medir, porque es la única en la que se observan cambios rápidos, mientras que en las otras puede haber cambios pero se producen muy lentamente, a lo largo de siglos. En el caso del individualismo podemos ver que los países más ricos son más individualistas, los más pobres más colectivistas. Cuando aumenta el nivel económico de un país, su P.I.B., se puede medir que en la misma proporción aumenta su individualismo. Podrá imaginarse que dentro de un mismo país también hay diferencias: en España la gente de los pueblos es más colectivista que en las ciudades, y en el Sur o Galicia lo son más que en el Norte (País Vasco, Cataluña...) o Madrid.

Por supuesto que hay diferencias entre España y otros países hispanohablantes en todos los aspectos, también en éste, pero las diferencias entre nosotros son de grado, no de dirección. Es decir, España es más individualista que los demás países hispanos, pero todos somos colectivistas respecto a Alemania, cosa que puede observarse en los comentarios de los informantes: tanto a los españoles como a otros hispanos, les sorprende el individualismo alemán. Pero es lógico que un guatemalteco, por ejemplo, diga de los españoles las mismas cosas que éstos dicen de los alemanes, por ejemplo que son directos y bruscos. Esto se debe a que los españoles son más individualistas que los guatemaltecos pero menos que los alemanes.

En las tablas de Hofstede Alemania ocupa el puesto 15 de países individualistas, con 68 puntos. Austria, el puesto 18, con 55 puntos. España, en el puesto 20, tiene 51 puntos. Argentina, puesto 22, 46 puntos, Uruguay, 29, 36 puntos. México, puesto 32, 30 puntos, Chile (38, 23 puntos) El Salvador, (42, 19 puntos) Perú (45, 16 puntos) Costa Rica (46, 15 puntos) Colombia (49, 13 puntos) Venezuela (50, 12 puntos) Panamá (51, 11 puntos) Ecuador (52, 8 puntos) Guatemala (53, 6 puntos)

> *La comunicación de **contexto débil** (directa) es propia de las sociedades individualistas. Dar rodeos y hablar entre líneas es propio de las colectivistas, con su comunicación de contexto*

Masculinidad/ feminidad

No todos los puntos enumerados por Hofstede para describir unas y otras sociedades se cumplen en cada caso. Que un país sea más femenino significa, lógicamente, que reúne más puntos en conjunto, lo cual no significa que lo haga en cada uno de los rasgos mencionados. Es decir, aunque Alemania es más masculina que España hay algunos puntos propios de sociedades femeninas, como el cuidado del medio ambiente, mucho más desarrollados en Alemania. En esto pueden influir que Alemania está más industrializada y por tanto más contaminada, y dispone de menos espacios naturales en estado puro ya que la densidad de población es muy alta. Muchos autores (como Ben Donald) han escrito cientos de páginas sobre el amor de los alemanes por el bosque, y el romanticismo alemán como origen de esta obsesión. En el ecologismo alemán influye también otra dimensión: la orientación a largo plazo.

Austria (puesto 2, 79 puntos) y Suiza (4/5, 70) son aún más masculinas que Alemania (9/10 66 puntos). Un sólo país hispano tiene un índice de masculinidad superior a Alemania, pero inferior a Suiza y Austria: México, con 69 puntos, se sitúa en el puesto 6. Todos los demás países hispanohablantes son más femeninos que Alemania: Colombia (11/12,

64 puntos) Ecuador (13/14, 63) Argentina (20/21, 56) Panamá (34, 44 puntos) España y Perú (37/38, 42 puntos) El Salvador (40, 40) Uruguay (42, 38 puntos) Guatemala (43, 37) Chile (46, 28) Costa Rica (48/49, 21 puntos). Los países más femeninos son los Países Bajos, Noruega y Suecia con los puestos 51, 52 y 53.

Sobre este aspecto cabe añadir que hay toda una rama de la psicología, la psicología evolutiva, que se dedica a estudiar las diferencias psicológicas entre hombres y mujeres. Los aspectos propios de las mujeres se ajustan como un guante a los hispanos, los propios de los hombres a los alemanes. Son todos ellos puntos que habría que añadir a los mencionados por Hofstede, y que trataremos en las actividades correspondientes al capítulo titulado "Estilos de conversación".

También muy interesante es el prestigioso estudio del sociólogo alemán Norbert Elías, que puede considerarse una explicación de las causas históricas de la masculinidad alemana: mientras en otros países (él se refiere a Francia) el grupo más prestigioso que marcaba la pauta de la vida era la Corte y los cortesanos, tan femeninos, en Alemania el Ejército prusiano, admirado y temido en toda Europa, era el espejo en que toda la sociedad (burocracia, universidad, etc.) se miraba para imitar sus formas. No es de extrañar que Francia ocupe el puesto 35/36 de feminidad, con sólo un punto (43) más que España. Es decir, España es aún un poco más femenina que Francia.

En general la feminidad de España entiendo que corresponde a un modo de actuar y unos valores femeninos extendidos en la sociedad, y tiene poco que ver con lo que entendemos por machismo o feminismo. Desde que vivo en Alemania para mí ha sido siempre evidente que la sociedad alemana es más masculina que la española, pero no más machista. Sin embargo ese es un tema complejo sobre el que aún hay que investigar mucho y queda mucho por precisar. Curiosamente los hispanos suelen pensar que las mujeres alemanas son muy masculinas, tanto en su forma de vestir, como en su manera de actuar, mientras que los alemanes suelen decir que las hispanas son muy femeninas.

También en el lenguaje se reflejan estas diferencias. Por ejemplo en alemán la palabra *sich durchsetzen* es positiva, pero su equivalente español ("imponerse") es negativo. En español es imposible hablar de *Durchsetzungsvermögen,* capacidad de imponerse, como requisito en un anuncio de trabajo. Sin embargo esto es muy frecuente en Alemania. En cambio en España se requiere tener don de gentes. La expresión "salirse con la suya", que significa algo parecido a *sich durchsetzen,* también es negativa. Tampoco hay traducción para *Ellbogengesellschaft*, "sociedad de codos", competitivamente agresiva. En cambio la expresión española "quedar bien/ mal/ fatal/ de cine/ como un rey"...no tiene equivalente en alemán. Según el diccionario es *"eine gute Figur machen/ gut abschneiden"*, pero no es un equivalente adecuado porque estas expresiones se usan en contextos relacionados con el rendimiento (académico, deportivo etc.) mientras que nosotros quedamos bien en contextos sociales, cuando llamamos para preguntar por alguien que está enfermo o tiene un problema, hacemos un buen regalo, ofrecemos ayuda etc. Caí en la cuenta de esto al observar a una amiga española hablando con su hijo por teléfono: preguntaba durante unos 20 minutos si había llamado a tal o cual persona, si había atendido a una chica española que pasaba unos días en Alemania, si se había ocupado del hijo de un amigo...El chico tenía entonces...¡25 años! Las madres españolas son las transmisoras de los deberes sociales, las guardianas del "quedar bien".

Completa:

➢ *Es propio de las sociedades femeninas*
_____
y de las masculinas
_____

➢ *Históricamente la masculinidad cultural alemana se debe a* _____
Mientras que la feminidad española o francesa viene de
_____

➢ *Las palabras sin traducción que muestran valores masculinos son*
_____
Las que muestran valores femeninos
_____

➢ *Alemania tiene también aspectos femeninos como:*
_____

¿Ves alguna relación entre este texto y la masculinidad /feminidad? ¿Has oído hablar de „multi task"? Las actividades pre-lectura del capítulo „Estilos de conversación" aclararán esto.

El español y su móvil están hechos el uno para el otro

Para el español medio su móvil es tan necesario como el aire que respira, o al menos, esa es la impresión que tengo, porque nunca había visto tantas orejas pegadas a esas cajitas de hojalata que les dan la vida.

Miles de personas que fuman y telefonean sin parar, cruzan las calles excitadamente, y cada uno va colgado de su sonda, su expendedor de oxígeno, su ombligo, su dosis de HABLAR imprescindible para sobrevivir. Telefonean sentados, de pie, andando, tumbados..Ni siquiera en las conferencias o el teatro lo desconectan. Una vez me atendió un funcionario que me escuchaba por una oreja, porque no quería dejar el móvil, y me dirigía con la mano mientras paralelamente continuaba su otra conversación PRIVADA. ¡qué poca vergüenza!

(Trad. de la A.)

En: Andrea Parr, *"Das kommt mir spanisch vor"*

¡Un hombre multitarea! Es italiano, claro.

Este hombre es, lo reconozco lleno de envidia, un multitarea. Mientras me indica que me siente en una silla y empieza a responder a mi pregunta, habla por el móvil que sujeta con el hombro y la barbilla. Al mismo tiempo golpea el teclado de su ordenador como si clavara clavos en una tabla. Parece que está contestando mails. En la esquina la televisión retransmite las noticias de Rainews24, en la estantería tras su mesa murmura una radio. Y lo asombroso es que pese a todo eso el oficial de carabineros sigue nuestra conversación con absoluta concentración y nunca pierde el hilo, aunque a veces la interrumpe para hablar por el móvil. (Trad. de la A.)

En: Stefan Ulrich, *Quattro Stagioni.*

20

Actividades de reflexión sobre las dimensiones de Hofstede

COMPLETA LAS TABLAS DE HOFSTEDE

Las tablas con 2 de las 5 dimensiones de Hofstede que aparecen en las páginas siguientes están incompletas. Sobre cada columna debe aparecer un rótulo que diga si esa columna describe las sociedades:

- *individualistas o colectivistas,*
- *masculinas o femeninas,*

Lee cada columna y escribe arriba el rótulo correspondiente. Luego responde a las actividades que te ayudarán a fijar las ideas más importantes que necesitarás para trabajar los capítulos del libro.

En próximos tomos de „Gramática de la cultura" veremos las otras 3 dimensiones, las sociedades:

- *de gran o de escasa distancia jerárquica*
- *de fuerte o escaso control de la incertidumbre*
- *de orientación a corto o a largo plazo*

1. Diferencias entre sociedades colectivistas e individualistas

Norma general, familia, escuela y lugar de trabajo

Las personas nacen en familias extendidas u otros grupos que las protegen a cambio de su lealtad	Todo el mundo se hace adulto para ocuparse solamente de sí mismo y de su familia inmediata (nuclear)
La identidad está en función del grupo social al que uno pertenece	La identidad se basa en el individuo
Los niños aprenden a pensar en términos de «nosotros»	Los niños aprenden a pensar en términos de «yo»
Hay que mantener siempre la armonía y evitar las confrontaciones directas	Decir lo que se piensa es característico de las personas honradas
Comunicación de contexto fuerte	Comunicación de contexto débil
Sociedades de la vergüenza	Sociedades de la culpa
La relación es más importante que el asunto a tratar	El asunto a tratar es más importante que la relación.

2. Diferencias clave entre sociedades individualistas y colectivistas

Política, e ideas.

Las ideologías igualitarias priman sobre las que defienden la libertad individual	Las ideologías que defienden la libertad individual priman sobre las que defienden la igualdad
El grupo invade la vida privada	Todo el mundo tiene derecho a una vida privada
Las opiniones están predeterminadas por la pertenencia a un grupo	Se supone que todo el mundo tiene opinión propia
Los derechos y deberes difieren según los grupos	Los derechos y deberes son los mismos para todos
Bajo PNB per cápita	Alto PNB per cápita
Papel dominante del Estado en el sistema económico	Papel restringido del Estado en el sistema económico
Prensa controlada por el Estado	Libertad de prensa
La armonía y el consenso social son metas fundamentales	La autorrealización individual es una meta fundamental

3. Completa este texto con las palabras del recuadro (una palabra debes usarla dos veces). Te ofrece un resumen de las ideas más importantes para comprender la diferencia entre el individualismo y el colectivismo, en los que seguiremos profundizando a lo largo de todos los tomos de "Gramática de la cultura."

> armonía
> contexto fuerte
> individualistas
> contexto débil
> alcanzar metas personales
> colectivistas
>
> La comunicación de _____, es más indirecta. Mucha de la información se interpreta por el contexto, no se transmite con palabras. Es propia de las sociedades _____ que dan gran importancia a la _____.
> La comunicación de _____ es más directa. Casi toda la información se transmite explícitamente a través de palabras. Es propia de las sociedades _____ que dan prioridad a _____, para lo cual a veces es necesario romper la _____.

4. Lee este texto y relaciónalo con uno de los puntos de la tabla 1. ¿Se te ocurren otras situaciones que ilustren esto?

> Es típico hispano el rechazo a las relaciones anónimas. Tanto un hombre de negocios como la señora que va a la compra, quieren tratar con un comprador/ vendedor al que conocen y, antes de ir al grano, se crea confianza buscando una relación personal, hablando de temas personales (gustos, familia, colegas, si el otro está bien, ha tenido un buen viaje etc.) en un tono distendido, humorístico a veces, personal siempre. Ir directamente al negocio se considera en muchos casos una ofensa, una grosería, una muestra de desinterés por la persona.

5. Diferencias entre sociedades femeninas y masculinas

Familia, escuela y lugar de trabajo

Valores dominantes: atención y cuidado de los demás	Valores dominantes: éxito y progreso material
Se trabaja para vivir	Se vive para trabajar
Énfasis en la igualdad, la solidaridad y la calidad de la vida laboral	Énfasis en la equidad, la competencia entre colegas y el rendimiento
Importancia de las personas y de las relaciones cálidas	Importancia del dinero y de las cosas
El fracaso escolar es un incidente de poca importancia	El fracaso escolar es un desastre
Simpatía hacia los débiles	Simpatía por los fuertes.
Todo el mundo debe ser modesto	Los hombres deben mostrar autoafirmación, ambición y dureza
Los hombres y las mujeres pueden ser tiernos	Las mujeres deben ser tiernas y preocuparse por las relaciones

6. Diferencias entre sociedades femeninas y masculinas
Política e ideas

Ideal: sociedad del bienestar	Ideal: sociedad del rendimiento
Se debe ayudar a los necesitados	Se debe apoyar a los fuertes
Los conflictos internacionales deben resolverse mediante la negociación y el compromiso	Los conflictos internacionales deben resolverse mediante demostraciones de fuerza o enfrentamientos bélicos
Lo pequeño y lento es bello	Lo grande y rápido es bello
La liberación de las mujeres significa un reparto equitativo de las tareas, tanto en el hogar como en el trabajo	La liberación de las mujeres significa que estas serán admitidas en puestos ocupados hasta entonces sólo por hombres
Sociedad permisiva	Sociedad correctiva
Prioridad máxima a la conservación del medio ambiente	Prioridad máxima al mantenimiento del crecimiento económico

7. ¿Con qué puntos de la tabla del ejercicio 5 puedes relacionar estos textos?

Entrevistas de trabajo

En unos países, por ejemplo Holanda, los candidatos no deben mostrar cuántas cosas saben y son capaces de hacer, sino que es el entrevistador quien, a través de sus preguntas, debe averiguarlo.
En otros países, como E.E. U.U., si los candidatos no muestran que saben mucho, han hecho muchas cosas y podrían hacer muchas otras aunque no tengan experiencia, los entrevistadores piensan que no están muy capacitados, que son tímidos, poco activos, poco competentes.
Los entrevistadores estadounidenses piensan que los candidatos holandeses no saben mucho y no saben venderse. Los entrevistadores holandeses piensan que los candidatos estadounidenses son unos fanfarrones que prometen cosas que no pueden cumplir.

Sich dürchsetzen, Ellbogengesellschaft

En alemán es un concepto positivo. Los anuncios de trabajo piden que los candidatos tengan „Durchsetzungsvermögen."
La traducción al español sería „capacidad de imponerse", pero no se dice, porque „imponerse" es negativo. Si es posible hablar de capacidad de liderazgo.
Frecuentemente se pide „don de gentes". Tampoco existe una traducción para la „sociedad de codos", basada en rivalidad y competitividad agresivas.

8. Cortesía positiva y cortesía negativa

El concepto de imagen

Todos tenemos una imagen que queremos mantener. El buen funcionamiento de las relaciones sociales exige mantener a salvo la imagen de los demás. De esa necesidad de proteger esa imagen nacen las estrategias de cortesía.

Lee estas explicaciones (Pastor, 2007) y luego trata de completar la tabla de la página siguiente. La cortesía verbal es algo que estudian los sociolingüistas. Es un concepto importantísimo a la hora de comprender muchos malentendidos interculturales. No se incluye como un rasgo del colectivismo o individualismo, ni de la feminidad-masculinidad, porque estos son conceptos que estudian los antropólogos, no los sociolingüistas, pero más adelante podemos reflexionar sobre las relaciones entre ambos aspectos.

Imagen positiva e imagen negativa

La imagen negativa es el deseo de tener libertad de acción, de que no impidan nuestros actos, de que no nos impongan cosas, de dominar nuestro terreno.
La imagen positiva es el deseo de integrarnos en un grupo, de que nuestros actos sean aprobados, de ser apreciados por los demás.
Las estrategias de cortesía negativa ayudan a proteger la imagen negativa, las de cortesía positiva, la imagen positiva.
(Brown y Levinson 1987)

Culturas de cortesía positiva y de cortesía negativa

Las culturas hispanas son de cortesía positiva. La alemana de cortesía negativa.
(Haverkate 2004, Hofstede 1991)

En una situación comunicativa tengo que usar estrategias de cortesía que respeten la imagen del otro desde su punto de vista cultural. Al menos debo ser consciente del efecto que podría tener la utilización de otras estrategias que pueden ser malentendidas e inadecuadas.

¿Estos actos de habla se relacionan con la cortesía positiva o con la negativa? Escribe tu respuesta en la casilla vacía y explica por qué a tus compañer@s. ¿Puedes imaginar qué impresión causa la falta de felicitaciones, cumplidos, invitaciones... en la cultura que está acostumbrada a ellas?

Disimular el desacuerdo, dar sensación de conformidad parcial	
Dar un consejo que no te han pedido	
Cuando se hace una pregunta personal se suaviza con la frase : Si se puede preguntar/ *Wenn ich fragen darf.* Las preguntas, en general, se introducen (Tengo una pregunta) no se hacen de sopetón.	
Hacer cumplidos	
Invitar (a todo el mundo continuamente, casi dando por hecho que la respuesta será negativa)	
Rechazar un consejo o una recomendación	
Evitar conversaciones sobre asuntos controvertidos (política, religión.etc.)	
Hablar de temas de interés personal (salud, familia, amigos etc.) con personas a las que no se conoce mucho	
Formular en 1ª persona del plural (nosotros) frases que en realidad se refieren a "tú" o "vosotros". Ej: Preguntar "¿Cómo estamos?" en el sentido de *"Wie geht´s?"*	
Hablar todos al mismo tiempo como muestra de entusiasmo, comprensión y simpatía	
-Ah, veo que te has cortado el pelo. Estás muy guapa así. A propósito, ¿tienes tiempo para cuidar del bebé esta noche? Con la amable conversación anterior quiere reducir los posibles efectos negativos de su petición.	
Felicitar, dar la enhorabuena, ofrecer ayuda, mostrar preocupación por enfermedades etc. (llamar siempre que haya una ocasión)	

9. ¿Qué fotos fueron tomadas en España y cuáles en Alemania? Explica tu respuesta. Mira también las páginas 31,33,134,135, 136. También puedes usar la Presentación Power Point titulada "conversación" que encontrarás en http://herrasti.bodautor.de

30

10. ¿Cuál de estos 2 diagramas refleja mejor cómo se producen las diferencias culturales?

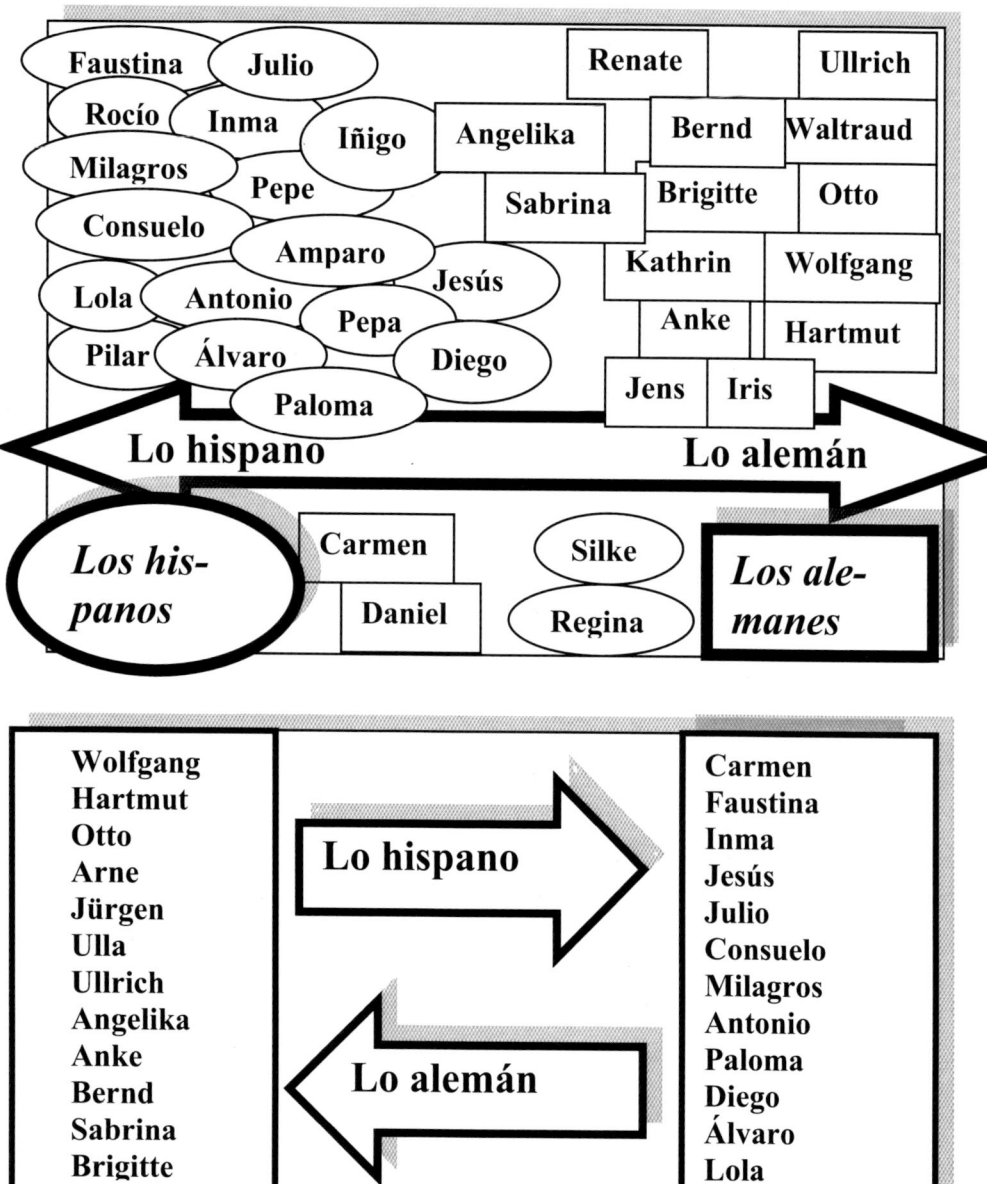

11. El primer gráfico de la página 31 es el que refleja mejor cómo se producen las diferencias culturales ¿Qué crees que quiere decir? 4 afirmaciones lo interpretan correctamente. Otra es una broma y una tontería ¿Cuál?

1. No todos los españoles son típicamente españoles en todos sus comportamientos, ni tampoco todos los alemanes. Hablamos de tendencias que casi nunca son del 100%, igual que en sociología u otros campos del saber. Cada individuo es único e irrepetible.
2. Igual que hay alemanes que tienen nombres hispanos (Carmen) e hispanos con nombres alemanes (Silke) también hay alemanes con formas de actuar más típicas hispanas (al menos en algunos aspectos) y viceversa. Pese a ello, Carmen no es un nombre típico alemán, ni Silke típico español. De igual modo la manera de pensar y actuar de Daniel y Carmen (alemanes) no es típica alemana, ni la de Regina y Silke (españolas) típica española. Las fronteras son blandas, abiertas, no herméticas, ni matemáticas, pero eso no significa que no haya fronteras. Cada individuo se sitúa en un punto de un continuum, no están todos en bloque en la misma posición.
3. Los alemanes que tienen nombres hispanos (Carmen) también tienen una forma de actuar poco alemana y más hispana, y si una española se llama Silke (como una conocida actriz) su comportamiento será también alemán.
4. Dentro de cada país también hay diferencias. Por ejemplo una señora de 80 años de un pueblo de Andalucía, (podría llamarse Faustina) posiblemente será mucho más colectivista que un directivo de un banco de Madrid de 40 años llamado Jesús, cuyo comportamiento y modo de pensar, más individualista, se parece más al alemán. Los alemanes mayores de 70 años, como Otto o Waltraud, suelen tener unos estándares culturales más fuertemente alemanes en muchos aspectos que la generación más joven, aunque no son necesariamente más individualistas.
5. Sería lógico pensar que los hombres suelen estar más cerca del polo alemán y las mujeres, del hispano. (La cultura alemana es masculina.) ¿Qué nombres son de hombre y cuáles de mujer?

Estilos de conversación

Actividades pre-lectura

1. ¿Cómo crees que juzgan los hispanos el estilo conversacional alemán y viceversa, los alemanes el estilo conversacional hispano? Si no se te ocurre nada estos adjetivos quizá te ayuden.

superficial	*seco*	*indirecto*	*da rodeos*
lacónico	*charlatán*	*profundo*	*vivaz*
estructurado	*serio*	*va al grano*	*inflexible*
cálido	*caótico*	*impersonal*	*insincero*

2. Una antropóloga francesa, Raymonde Carroll, dice que el estilo conversacional de la cultura francesa (e hispana, añado yo) se parece a un concierto de jazz, el de la norteamericana (y alemana) a un espectáculo de fuegos artificiales. ¿Cuáles crees que son el concierto, cuáles los fuegos? ¿Qué tipo de conversación asocias con una y otra metáfora? Anota tus ideas en las figuras y coméntalas con tus compañer@s.

34

3. Decide si estas afirmaciones tienen que ver con la cortesía positiva o con la negativa, con culturas que dan prioridad a la cercanía o a la distancia. Cuenta tus conclusiones a tus compañer@s. ¿Estáis de acuerdo? ¿Tenéis ejemplos?

Cortesía positiva o negativa. Cercanía o distancia

1. Se llama por teléfono a alguien que está enfermo para saber cómo sigue. No sólo al círculo de dos o tres íntimos amigos. Se va a casa del enfermo a visitarle.
2. Se hacen muchas preguntas para mostrar interés en la otra persona, para evitar el silencio, para crear conversación. A veces no importa tanto la respuesta.
3. No se invade la esfera privada, del otro (familia, enfermedades etc.) preguntando sobre esos temas. Se espera a que el otro los saque, y a veces incluso eso resulta embarazoso.
4. Cuando alguien pide permiso (para fumar, abrir la ventana o algo así) frecuentemente la concesión es triple ("sí, si abre", „ sí, claro, abre", "sí, abre, abre") Una concesión simple ("sí") según el tono y gesto con que se diga podría entenderse como un "no", o en todo caso como un "sí" a regañadientes.
5. Se ofrece ayuda y se ayuda sin esperar a que el otro la acepte, para indicar que realmente queremos ayudar y evitar un "no" de cortesía.
6. Se llama a casi todo el mundo "amigo". Apenas se usa la palabra "conocido" mucho menos delante de la persona en cuestión. No se presenta a alguien diciendo "Este es Manolo, un conocido." Eso sería antipatiquísimo, sonaría muy distanciador, como quien dice: "No se te ocurra pensar que eres un amigo."(*Glaub bloß nicht, daß du ein Freund bist*)
7. El silencio es desagradable, significa que alguien está triste, enfadado... Hay que evitarlo.
8. No se ayuda a otro (por ejemplo cogiendo su maleta) si no lo ha pedido. Lo contrario podría ser visto como una ofensa, por poner en duda su capacidad, su independencia, por invadir su espacio cogiendo sus cosas...

Actividades durante la lectura

4. Mientras lees los testimonios completa (en otro color anota lo que no es tabú sino sólo poco frecuente):

Tabú en países hispanos	Tabú en Alemania

5. Busca en los comentarios afirmaciones que correspondan a un estilo comunicativo de

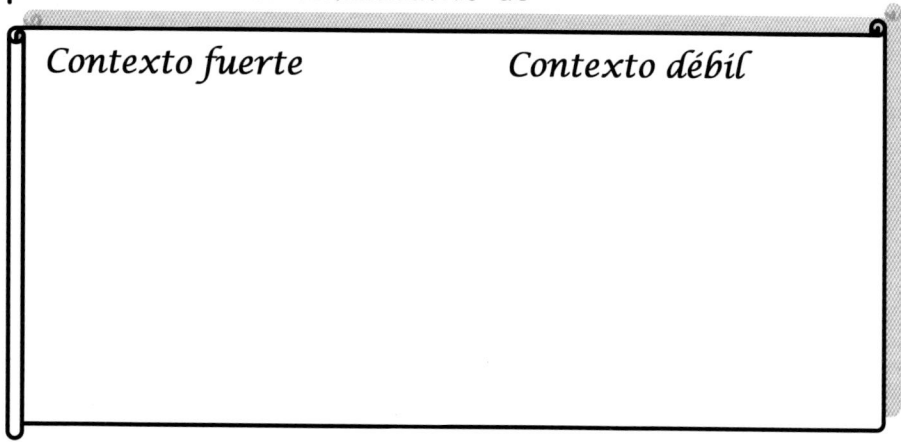

Contexto fuerte	*Contexto débil*

6. ¿Qué afirmaciones de los testimonios tienen relación con la cortesía positiva y la negativa

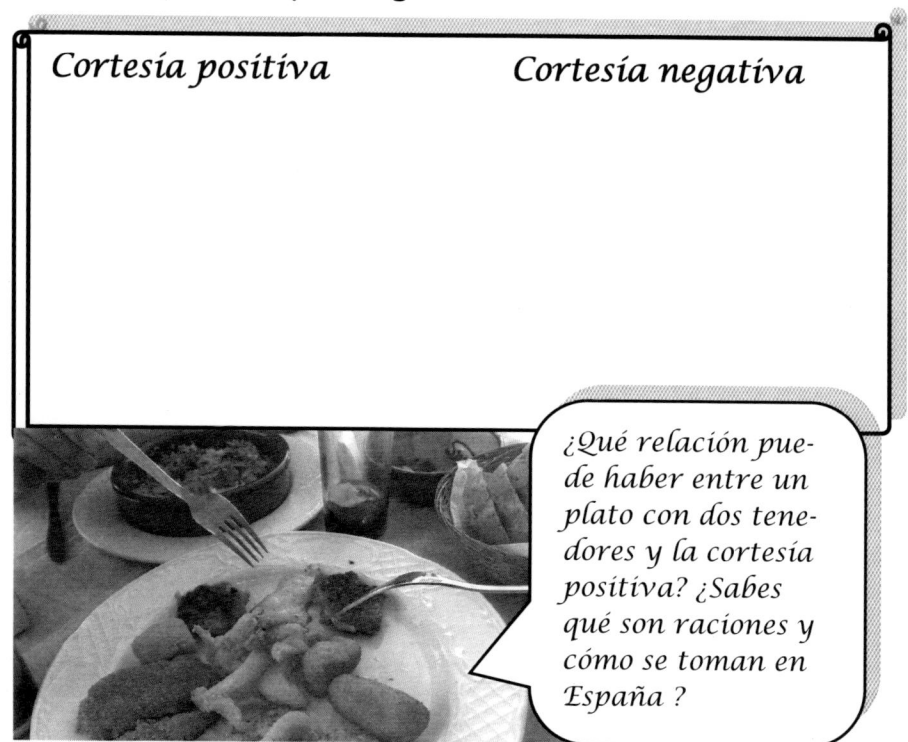

Cortesía positiva	*Cortesía negativa*

¿Qué relación puede haber entre un plato con dos tenedores y la cortesía positiva? ¿Sabes qué son raciones y cómo se toman en España?

Lo que dicen los hispanos

Humor, el pietismo suavo y los horarios comerciales en domingo

Según Ardagh la ética protestante en Suabia era tan fuerte que en algunas áreas estaban prohibidos los salones de baile y la gente que realizaba labores case-ras en domingo podía ser denunciada por la policía. A los hispanos nos sorprende el estricto cierre de comercios los domingos, más tajante aún hace años. Aún así las discusiones sobre la liberalización de horarios nos resultan culturalmente difíciles de comprender. En España los domingos hay mucha vida en la calle y muchos comercios abren. En Alemania los domingos las calles están muertas. En la ex- R.D.A. algunas tiendas abren en domingo, lo que podría confirmar el origen religioso de esta regla tan estricta.

Dice Ardagh: *"Hoy esta severidad ha declinado bajo influencias modernas, como la de miles de inmigrantes, sobre todo católicos de Silesia."*

El entonces alcalde de Stuttgart, Manfred Rommel, respondió, cuando Ardagh le preguntó si el pietismo (y en consecuencia la falta de humor) aún eran fuertes en Suabia: *"Los protestantes loca-les sentían que, si se reían, el Señor se preocuparía. Ahora tienen una mejor opinión de Él y piensan que también tiene sentido del humor."*

(Trad. de la A.)

En: Ardagh, John, *Germany and the ger-*

1. Un peruano que pasa aquí unos años y el humor alemán: no entienden que hablamos casi siempre en tono humorístico.

Lo primero que me llama la atención es la seriedad de muchos alemanes. Tienden a malentender las bromas: En mi primer día en la universidad estaba leyendo un libro de filosofía en castellano y otro estudiante me preguntó dónde lo podía comprar. Yo respondí que en todas partes: en el supermercado, en la gasolinera o en la panadería. Claro que sólo era una broma. Me limité a tomar al pie de la letra su pregunta. Obviamente sólo se puede comprar en una librería. Una broma así es normal en Perú, pero al alemán le molesta mucho este tipo de humor. Aquel estudiante a partir de aquel día se sentó todo lo lejos de mí que podía en clase. Entre nosotros se habla continuamente en un tono de broma. Eso crea una atmósfera distendida, alegre, simpática.

2. Canaria que lleva 15 años en Alemania: hablar de dinero y precios no es tabú aquí, pero interrumpir, tratar de negociar las cosas y ser flexible sí.

Me resultó muy distinta de España la importancia del aspecto material. Los alemanes hablan del precio de todo cuanto compran. Por ejemplo a una estudiante española que vive en una WG, un piso compartido, le preguntan cuando llega a casa dónde ha comprado los yogures. Ella siente que le regañan por haberlos comprado en Rewe. Dicen que en Plus son más baratos. Se siente mal porque controlan todo lo que hace, y son muy "Kleinlich" (de una minuciosidad mezquina.) En España es inaceptable hablar de dinero así. Una amiga argentina dice que a ella le sorprendió mucho al llegar que la palabra "sparsam" (ahorrativo) ¡ES MUY POSITIVA! No puede entenderlo.

Las conversaciones entre alemanes me parecen muy ordenadas, tranquilas y a veces un poco superficiales, porque van directamente al grano sin hablar de cosas personales o de sentimientos. Es diferente en las relaciones de amistad. La forma de conversar entre buenos amigos es mucho más amable e íntima. Los alemanes tienen un muy diferente lenguaje no verbal: los españoles hablan con muchos gestos, los alemanes usan muy pocas expresiones corporales en una conversación.

Además son más estrictos. Ante un malentendido no son flexibles. Si me apunto tarde a una excursión, pues es tarde y ya no puedo ir aunque sobren plazas en el autobús. Ponen cara seria, como de "no entiendo qué haces aún discutiendo." En España intentamos negociar más las cosas. Somos más flexibles. Esa inflexibilidad, ese considerar la ley por encima de la justicia, la regla por encima de la situación y la persona, resulta muy dura. Quien actúa así para muchos de nosotros es inaceptable, ya no podemos tener una relación cordial con él/ ella.

> Busca en youtube el programa "splunge gestos"
> Verás una caricatura de nuestra gestual forma de hablar.
> También en:
> http: herrasti.bodautor.de

39

3. Española que vino a hacer un curso de alemán: los alemanes te dejan hablar sin parar, su entonación no te ayuda nada a entender qué quieren decir y el humor con desconocidos es tabú.

Los alemanes son más respetuosos. Y no hablan tanto como los españoles (o como yo). Los alemanes que conocí me dejaban hablar sin parar. En España estamos acostumbrados a cortarnos en mitad del turno de palabra, nos interrumpimos constantemente, es normal. En Alemania esperaban a que yo acabara para comenzar a hablar ellos. Claro, hasta que me di cuenta, hablaba y hablaba sin que el alemán de turno dijera nada. Además de eso, la gente es muy educada, dicen "gracias" y "perdón" cada tres palabras, y muy amable, en cuanto les preguntas algo se esfuerzan mucho por explicarte etc.

Los españoles estamos acostumbrados a "tocarnos" y estar bastante cerca cuando hablamos con alguien. Aparte de que periódicamente asentimos o hacemos ruidos para indicar que seguimos el hilo de lo que nos cuenta nuestro interlocutor. Los alemanes me parecieron muy fríos al principio. Se ponían lejos para hablar, y entre eso y que no les entendía mucho, no seguía nada bien la conversación. Además parecía que no entendían nada de lo que les decía porque ni siquiera asentían. ¡Y las bromas! Creo que los españoles somos más brutos haciendo bromas con gente con la que no tenemos demasiada confianza.

Por el tono de voz me parecía que decían igual las cosas enfadados que alegres. Supongo que en alemán cuenta más lo que se dice que cómo se dice. En español podemos no decir casi nada y entendernos por el tono o la expresión de la cara. Hasta las preguntas se formulan igual que las afirmaciones y las distinguimos por la entonación. En alemán no cambia casi nada la entonación, las preguntas se distinguen por el orden de las palabras sólo. Por tono de voz tuve algún malentendido (no sabía que me estaban preguntando algo, por ejemplo.) Me pasé todo el tiempo diciendo "bitte?"

No creo que yo pueda dejar de hacer gestos y cambiar el tono de voz, pero aprendí que soy capaz de no gritar cuando hablo (a veces, si me lo piden) y que puedo conversar sin interrumpir (si me esfuerzo). También me hizo sentirme en parte orgullosa de mi cultura y mi país ver que tanta gente admiraba la cultura mediterránea, la comida, la espontaneidad (nunca lo había pensado).

Sorprende que los alemanes vayan muy rápidamente al grano y sólo cuenten lo estrictamente necesario sin hablar de cosas perso-

---

Un elogio equivale a un regalo

En un libro de relatos sobre España escritos por residentes alemanes, Ingrid Fey cuenta que, tras haber alabado el canario del vecino, éste, al día siguiente, llegó a su casa con dos paquetes de comida para pájaros en una mano y una jaula en la otra, con un pájaro gris que cantaba como Pavarotti. "Un regalo para ti", dijo el vecino español. Y la sra. Fey concluye así su relato:

Así que, queridos amigos alemanes, nunca digan (¿o sí?) a un español: "Me gusta tu coche." A lo mejor tienen suerte y a la mañana siguiente se encuentran un coche delante de su puerta.

Es asombroso el parecido de esta historia con la que cuenta una viajera francesa del siglo XVII:

Llevaba unos caballos tan bonitos, que no pude evitar alabarlos cuando su carroza se acercó. Me dijo, según la costumbre, que los ponía a mi disposición, y por la noche,(...) vinieron a decirme que un caballero quería verme de su parte. Me dijo que los 6 caballos de su señor estaban en mi cuadra. Mi pariente se echó a reír y le respondió que yo estaba tan recién llegada a Madrid que ignoraba todavía que no se podía elogiar nada que fuese de un caballero tan galante como don Antonio; pero que no podía aceptar regalos de aquella importancia, y que le rogaba se los volviese a llevar. Él volvió a mandarlos.
(Texto adaptado)
En: Madame D´Aulnoy, *Relación del viaje a España*

Entre los alemanes las buenas maneras todavía están en fase de desarrollo

Entre los alemanes las buenas maneras y las virtudes como la gracia, el encanto, el tacto, la elegancia y el arte de mantener una conversación brillante todavía están en fase de desarrollo, por lo que las feministas tienen por delante un penoso trabajo en la viña de la civilización. Pero mientras dure esta tarea, para las gentes cultivadas de otros países el encanto de Alemania no es exactamente algo que salte a primera vista. Así, puede ocurrir que un francés o un italiano vean a los alemanes como visigodos con un teléfono móvil en las manos. Pero como no saben que todo el país es así, puede que tomen la falta de buenas maneras como algo personal y que salgan corriendo.

De ahí la «Primera regla» que ha de observar un alemán: en tu trato con los extranjeros, eleva la dosis de amabilidad hasta encontrarla exagerada. Lo que tú crees exagerado, tu interlocutor lo considerará algo normal.

En : Dietrich Schwanitz,
Cultura. Todo lo que hay que saber.

nales. También hacen menos gestos. Y nuestra costumbre de hablar por el móvil a todas horas les molesta bastante. Les parece que hablamos por hablar, porque no decimos nada, sólo "¿dónde estás? ¿qué haces? ¿qué has comido?" Y para eso llamamos 80 veces, por ejemplo cuando estamos en un tren. Además a veces hacemos varias cosas a la vez. Hablamos por el móvil mientras tenemos una conversación con alguien que está ahí. Ellos hacen una cosa y luego otra, pero no todo a la vez.

4. Un mejicano que lleva varios años en Alemania: me choca su forma de decir directamente "no" y de hablar sin rodeos. Alabar una cosa no significa que la quieras como en Méjico.

Los alemanes son bastante directos y a veces es muy difícil para los mejicanos acostumbrarse a esto. Como los mejicanos suelen parafrasear en vez de decir "no" directamente, a veces no sé qué responder o cómo reaccionar cuando un alemán me dice "no" sin más. Me siento ofendido. En Alemania se suele decir lo que se quiere, sin hacer alusiones indirectas o bien contar toda una historia que no tiene nada que ver con lo que se quiere realmente.

Además se puede decir que te gustan las cosas de alguien, sin que esto sea una indirecta. En México esto quiere decir que la persona que alaba lo que tiene la otra quiere tener ese objeto, por ejemplo una cadena.

5. Ecuatoriano divorciado de alemana: golpear la mesa para no tener que saludar a cada uno me parece que muestra poco interés por cada persona.

Me parece un poco raro lo directos que son los alemanes. En mi país nadie me hubiera dicho que no está de acuerdo con mi presencia en una fiesta como me pasó aquí. En Ecuador, en Méjico, y en Hispanoamérica en general, todos son bienvenidos en las fiestas y aquí se selecciona. La gente no es tan abierta a la hora de conocer a gente nueva de otros países.

Todavía no sé cuándo puedo dar un beso y cuándo sería mejor evitarlo. En mi país todo el mundo se da besos. Lo que nunca había visto antes es el golpeo en la mesa para no tener que saludar a cada uno. Aquí no está mal visto pero en mi país los besos y las palabras que se intercambian son muy importantes y me parecen más individuales. Siempre dan la impresión de interés por cada persona. Y nos parece horrible a los hispanos, también a los españoles, eso de golpear la mesa en la universidad al final de una clase o conferencia. Parece que para ellos es positivo pero a nosotros nos asusta, parece más una señal de protesta que de agrado, suena maleducado.

6. Estudiante universitaria colombiana casada con un alemán: hablan demasiado de política y poco de la familia y lo cotidiano

Los colombianos entran en contacto más fácilmente que los alemanes. Son más sociables y hablan más. Me irrita que el tema preferido de los alemanes sea la política. Las conversaciones de los colombianos tratan más de la familia y de otros temas cotidianos. Además los alemanes siempre están hablando de precios y de dinero. Eso a nosotros nos resulta desagradable. Tanto las revistas, como la televisión como la gente en la vida cotidiana, están siempre hablando de precios, comparándolos, dando consejos para ahorrar más, para no comprar un producto que no vale realmente el precio que cuesta... Si vas al supermercado otro cliente te dice que el aceite de oliva de allí es el que ha ganado el *Stiftung Warentest*, porque es de mejor precio y mejor calidad. A nosotros eso nos parece tacaño, avaricioso y materialista. ¡Tanto trabajo para ahorrar 5 céntimos! Pero la verdad es que es racional, funcional y útil. Los ingleses dicen: *"If you take care of the penny, the pound takes care of itself"*. Es un refrán poco compatible con la mentalidad hispana.

7. Argentina casada con alemán: los malentendidos culturales son terribles. Al principio no entendía los gestos

Conozco muy bien esas situaciones en que no puedo entender a mi marido alemán. Los malentendidos culturales son terribles. Sobre todo cuando uno no los reconoce como tales. Uno puede estar muy confundido a causa de un comentario o un comportamiento distinto a aquello a lo que está acostumbrado. Se hace muchas veces una interpretación equivocada ¡El otro parece una persona muy extraña! Con el tiempo he aprendido a interpretar mejor las situaciones pero, aunque hay cosas a las que es fácil acostumbrarse, a otras quizá jamás me acostumbraré. Aunque sé interpretar los malentendidos me siguen resultando extraños.

Lo que me confundió al principio fueron los gestos. Por ejemplo la seña en alemán para darse prisa es para una argentina un gesto desagradable (en sentido sexual). La seña de estar loco, la entendía como si alguien quisiera decirme que no puede ver. En cuanto a la forma de saludarse, darse besitos en Argentina es normal. Pero en Alemania hay gente que da un paso atrás, porque no saben cómo interpretarlo. Si es una persona no tan conocida, no importa, pero si es una persona de la familia (de la de mi marido) la que se distancia, eso me pone muy triste.

8. Boliviano que lleva muchos años trabajando en Alemania: los alemanes sólo dan consejos si están muy seguros y te dan respuestas bruscas como *"Musst du selbst wissen."*

Cuando tengo un problemita o algo de lo que quiero hablar, puedo contárselo a mis amigos alemanes. Pero lo que no me gusta es que en una conversación no siempre me dan un buen consejo sino que dicen que tengo que saberlo yo *("Musst du selbst wissen."; "Musst du entscheiden"*[1]*)* en vez de dar una opinión o decir simplemente qué me aconseja hacer, como haría un boliviano aunque no sepa exactamente qué sería lo mejor. Pero así la conversación sigue y se habla más para mantener la cercanía quizá también. Cuando un alemán dice que yo lo tengo que saber, rompe la cercanía y la conversación en ese momento se acaba porque no se puede responder a esta frase. Es una respuesta brusca, cortante, seca. No quiero decir qué estilo es mejor, en ambos hay desventajas, sólo quiero destacar que los alemanes no dan un consejo si no están MUY seguros.

9. Chilena que vive desde hace años en Alemania: la ironía y los apodos son un problema para los alemanes.

A una amiga alemana le llama la atención cuando va a Argentina la forma despreocupada de usar apodos. Lo que en Alemania sería muy insultante en Argentina y Chile, se toma con ironía. Un ejemplo: yo soy muy morocha, tengo antepasados indios, así que algunos amigos me llaman "negra". A una amiga mía la llaman "renquera", porque tiene un problema con una pierna y cojea al caminar. Los dos casos en Alemania son ejemplos excelentes de tabús. Aquí sería imposible señalar de una forma tan llamativa las diferencias ópticas entre personas. Lo mismo sucede con los defectos físicos: en Alemania se hablaría sinceramente en un ámbito privado e íntimo de la pierna de la amiga, pero no se le podría poner un apodo relacionado con él, ni hacer bromas con ello. Sólo hablar de ello seriamente. No es usual el humor negro aquí.

En Chile, Argentina y también España la ironía es una forma legítima para criticar sin ofender a la gente. Tal vez la ironía hispana tiene un efecto parecido a la típica frase alemana *"das ist nicht persönlich gemeint"* (no te lo tomes como algo personal). Pero también la ironía es una forma graciosa para expresar que uno estima y conoce las características típicas de una persona. Expresa confianza, familiaridad. Permite, por ejemplo, criticar con una sonrisa, con simpatía y cariño. Esta forma de

---

[1] En el *hit parade* de las frases alemanas que más nos irritan tendrían que aparecer también „Nimm es nicht persönlich", "Das ist nicht mein Problem", „Ich brauche meine Ruhe" y „Bleib sachlich."

ironía no tiene nada que ver con el sarcasmo. Es una forma de expresar cosas sin ponerse serio y convertir el tema en un problema, un modo de referirse a cosas serias con un guiño, con alegría, desdramatizando.

Yo tengo malentendidos aún por eso. Por ejemplo me despedí de una amiga diciéndole: "Chau alemana" y lo tomó como que yo le quería decir que es demasiado alemana, lo que a muchos alemanes no les gusta. Quieren ser especiales, distintos, ser tomados como individuos.

Probablemente este fenómeno está relacionado con las diferencias en el uso de los piropos. A ellas no les gustan porque dicen que los hombres hispanos llaman a todas "guapa", "bonita" etc. Aunque éste es un punto que me gusta mucho más en Alemania. No extraño los piropos de los chilenos. Pero recuerdo que mi madre se irritó cuando dejaron de decirle piropos en la calle: era una señal de que se había hecho vieja.

10. Estudiante chilena de agricultura: no se interesan por los extranjeros como personas, son callados si no han bebido alcohol.

Aquí la reacción frente a los extranjeros es muy distante. En Chile son recibidos cálidamente, se interesan mucho por la persona que viene (si tiene hambre, si está bien). Aquí la primera pregunta es muchas veces de dónde eres y cómo es tu país. Por eso yo al llegar me sentía como una máquina. Sólo les interesaba el trabajo que yo realizaba, las horas de tareas que podían delegar en mí. A mí no me veían. Yo como persona me sentí absolutamente ignorada. Sólo un colega me preguntó si me estaba aclimatando bien a mi nueva vida.

Además el hecho de que me llamaran Frau García, y de usted, me hizo sentir como con doble personalidad. Ya no era la Ana de siempre, y tenía que comportarme como Frau García, no como Ana. Porque el comportamiento en la vida pública es aquí muy formal, muy distinto del privado. Eso puede tener ventajas, pero a veces no es sano.

Normalmente los alemanes son callados y cerrados a menos que hayan bebido alcohol. Entonces son más abiertos y amistosos. En Chile no se puede tomar alcohol en la calle. Si en una reunión pongo música de salsa e intento que bailen, me miran horrorizados y me dicen que más tarde, cuando hayan bebido unas cuantas cervezas.

11. Profesora de español que lleva 17 años en Alemania: tenemos distintos temas de conversación, distintos tabúes y predilecciones conversacionales y nos gusta mucho más el lenguaje coloquial

En mi primer semestre aquí tenía un curso de 8 personas con una atmósfera muy familiar. Un estudiante, Bernd, llevaba gafas y un día, al llegar a clase, me llamó la atención que no las llevaba. Así que dije algo que para mí es de lo más natural: "¡Anda Bernd! ¿Y tus gafas?" Todos me miraron asombrados y yo sumé esa experiencia a mi colección de anécdotas interculturales por investigar. Años después nos hicimos amigos. Y como nunca dejo de investigar estos temas le pregunté: "Oye Bernd ¿por qué me mirasteis todos como si estuviera yo loca cuando te pregunté dónde estaban tus gafas?" Se quedó pensativo y dijo: "Es que un profesor alemán nunca habría dicho eso." Entonces me puse a reflexionar y fui consciente de cuántas observaciones hacemos sobre el pelo, la ropa etc. que llevan los demás y cómo eso es algo que muestra que les vemos, que estamos en contacto con ellos, que les tenemos en cuenta. Cuando eso falta por completo da una sensación de frialdad, de "no existo para ellos, no me ven, soy como aire transparente." Y seguramente un profesor alemán no hace ese tipo de comentarios porque en Alemania, cultura de cortesía negativa, la cara pública y la privada se separan muy claramente, mientras que los hispanos tendemos a un comportamiento familiar y amistoso con todo el mundo. A un alemán por eso le puede molestar que sus gafas sean tema de conversación fuera del círculo íntimo.

Recuerdo la tristeza con la que un estudiante de Kasachstan, alemán étnico repatriado, me contaba que en Alemania, por la calle, nadie te mira. Andreas tenía la sensación de que todos caminaban absortos en sus pensamientos, sin ver a los demás, como si fueran los únicos que circularan por la calle en lugar de estar rodeados de gente. Pero otra observación complementaria nos muestra que todo aspecto de una cultura tiene su lado positivo y su lado negativo: una amiga española que estuvo en Holanda me dijo que allí se sentía muy libre porque podía salir a la calle vestida de cualquier manera y nadie miraba. "No existe la agresión visual que hay en España, sino mucha libertad. No existen esas señoras en el autobús que te fiscalizan entera, desde la punta del pelo al calcetín", dijo.

Otra cosa me llama la atención estos días. Lena ganó Eurovisión hace poco y España acaba de ganar el Mundial. Es interesante contrastar ambas victorias. Pese a que Lena, tan espontánea e irreflexiva, no me parece en absoluto típicamente alemana, hizo algo que a nosotros nos resulta muy alemán: cuando le preguntaron si su madre la había acompañado a Oslo ¡¡respondió que eso era muy privado!!

Contrastemos esto con las celebraciones de nuestra selección nacional. Acabo de oír un programa de radio donde hablan con adoración de Vicente del Bosque, nuestro seleccionador. Cuando todos los jugado-res fueron a la recepción ofrecida por el presidente del Gobierno, del Bosque llevó a la Moncloa a su hijo, un joven con síndrome de Down al que adora. Todas las radios y periódicos hablan de Álvaro como si fuera nuestro primo, nieto, sobrino, hermano, ese que sueña con coger en sus manos el trofeo y desfilar con los jugadores recibiendo el clamor popular. Cuentan que el chico fue protagonista durante las 5 horas que duró la celebración por las calles de Madrid y que los jugadores le trataban como si fuera su propio hermano. En Sudáfrica había hecho todo lo posible para que su padre le dejara ir en el autobús con los jugadores y para que sacara a jugar a los que estaban en el banquillo. En las tertulias, sean de temas triviales o políticas, hablan de padre e hijo con afecto, como se cuenta algo de un tío o un primo muy buenazo que acaba de tener otro de sus detalles encantadores y nosotros lo comentamos alrededor de la mesa camilla, tomando café: "¿sabes la última del tío Vicente? ¡Es que es genial!" Los españoles disfrutan con estas anécdotas (¡y el beso de Iker y Sara!) tanto como con la victoria. Y siento que, pese a todo[2], somos una gran familia, un patio de vecinos, siempre mirando el mismo escenario, comentándolo todo y sintiéndonos parte de las alegrías y desgracias del vecino.

---

[2] ¿A qué me refiero con este "pese a todo"? Estos son los días, no sólo del Mundial, sino también los del esperado (años de espera) fallo del Tribunal Constitucional sobre el Estatuto de Cataluña. En las tertulias políticas expresan su alegría porque, pese a la terrible acritud del debate político, los españoles salen masivamente a la calle con banderas de España, también en Cataluña y País Vasco, pese a la cólera que esto despierta en los nacionalistas. Mientras en España la gente decía alegrarse de la buena actuación de nuestra selección por lo necesitado que está el país de un ejemplo de unión, en Alemania los comentaristas subrayaban el cambio de imagen que los jugadores de su selección habían provocado en el extranjero, esos jugadores *Multikulti* (de origen turco, africano, polaco, yugoslavo, hispano...) de imagen simpática y amable. El fútbol también deja al descubierto nuestras obsesiones, pesadillas y traumas.

En estos días de fútbol me llama la atención también mi jugador favorito de la selección alemana: Thomas Müller. Es simpatiquísimo. Disfruto de sus entrevistas tanto como de sus goles. Sus respuestas no son nada típicas alemanas, pero quizá sí típicamente bávaras, por lo que me resultan muy españolas. Todos resaltan que, tras su primera actuación estelar, saludó con mucha gracia y espontaneidad: "Un saludo a mis abuelos, que se lo debo hace tiempo/ *Das war schon lange fällig*". (Aquí vemos el sentido familiar español y bávaro. Si lo contrastamos con la respuesta de Lena, quizá nos haga caer en la cuenta de que ella es de Hanóver y Thomas de un pueblo bávaro). A mí me hizo muchísima gracia su contestación a una pregunta bastante tonta. Tras la brillante actuación de Alemania, el entrevistador preguntó si Thomas quería ganar el Campeonato. Sonriendo, con un tono de "¡Vaya pregunta!", dijo: "¡Hombre! ¡Espacio libre en la vitrina tengo!" Ese es el tono que echamos tanto de menos aquí, ese tono de guasa, de ojo guiñado, ese modo de hablar indirecto, juguetón, dulcemente irónico, a veces de reconvención envuelta en humor. En el fondo le está diciendo: "¡me podrías preguntar algo más inteligente, macho!"

Algo que echo de menos también es el lenguaje coloquial. Aquí se usa mucho menos y está mal visto en muchos ámbitos, mientras que en España se aprecia mucho . Dentro de unos límites, claro. Nuestro libro de lengua en el colegio decía que una persona culta se caracteriza por poseer varios registros y poder cambiar de uno a otro. Intuyo que los libros de lengua alemanes no dicen eso. Aquí muchas personas cultas hablan siempre sólo en un registro que excluye los tacos y expresiones coloquiales. Ese modo alemán de arrugar la nariz ante el lenguaje coloquial o malsonante nos resulta cursi, ñoño, aburrido y remilgado (*etepetete*). Muy burgués. Hasta la palabra "mierda" es muy fuerte para muchos. Un personaje como Cela sería imposible aquí: un premio Nobel de literatura que escribe un diccionario de tacos. Cuando fue senador le llamaron la atención en el Senado: Señor Cela, se está usted durmiendo. Cela respondió: No señor. Estoy dormido. "Es lo mismo" dijo el presidente. "No, señor. No es lo mismo estar jodido que estar jodiendo" aclaró don Camilo. Todos los españoles, sean de la clase social que sean, se ríen ante esta anécdota. No conozco a nadie que arrugue la nariz cuando se la cuento.

12. Argentina casada con un alemán: los amigos de mi novio son unos groseros al teléfono.

Seguimos códigos de conducta distintos

¿Por qué hablamos los hispanos con los que llaman por teléfono a quienes viven con nosotros? ¿Se debe a que somos todos muy amables o a que es parte de nuestro código cultural, a que hemos aprendido a hacerlo así? ¿Por qué no hablan los alemanes en esa situación? ¿Se debe a que son todos muy antipáticos, insociables y huraños o a que es parte de su código cultural?

Dicho de otra manera ¿podría ocurrir que un alemán casado con una amiga mía quiera hablar con-migo cuando llamo pero no lo haga porque no sabe qué decirme y/o piensa que ni a mí, ni a su mujer nos parecería bien? ¿podría ocurrir, en la misma situación, que un hispano hable conmigo aunque no le apetez-ca hacerlo, sólo porque se siente obliga-do a ello?

Me da rabia que los amigos de mi novio, cuando llaman, solo digan: ¿puedo hablar con Jürgen? Han estado en mi casa mil veces, he cocinado para ellos...¡Y actúan como si yo les hubiera hecho algo, como si estuvieran enfada-dos! Tengo la sensación de que, si hablo con ellos, les molesta. Ni me saludan. En Argentina yo conozco a la gente que vive con mis ami-gos, a sus padres, hermanos, maridos... Y cuando llamo, o ellos llaman, tienes que salu-dar y hablar con ellos, pre-guntarles por sus cosas, mos-trar interés en ellos como personas, ser cordial... Lo contrario es una grosería. No puedes ser amigo de alguien sin ser amigo de su familia, o de su pareja. Eres amiga de ambos. Sólo existen en *Doppelpack*. Cuando sales con uno casi siempre van los dos. En cambio aquí si yo llamo a mi amiga y se pone su marido, me dice "Te paso a Anja." *(Ich gebe Dir Anja).* ¡Ni habla conmigo, aunque hemos cenado juntos un montón de veces! Una amiga española se queja de que los colegas de su marido, que han cenado con ella muchas veces, cuando la ven por un pasillo o la calle ni saludan.

¡Y eso de atender el teléfono diciendo mi apellido! ¡Es horrible! Como si trabajara en un banco: "Banco de Santander, le atiende Ana Se-rrano, dígame."

13. Estudiante Erasmus: les parece que gritamos mucho y que nos peleamos, pero cuando ellos hablan también parece una pelea.

Una cosa que me ha llamado mucho la atención es que los alemanes que no hablan español piensen que nos estamos peleando todo el rato, porque gesticulamos mucho y hablamos muy alto. Sin embargo, yo pienso que ellos tienen una expresión en la cara muy seria y un lenguaje muy fuerte. Por eso los hispanos que no saben alemán también pueden pensar que están discutiendo y cabreados todo el rato.

En noviembre estuve en Berlín e hice un *"free tour"*. El guía era alemán. Cuando llegamos al Monumento al Holocausto comenzó a hablar con un vigilante de seguridad. Por la manera de hablar, por su tono de voz, por los gestos tan serios, ni una sonrisa... pensé que estaban discutiendo. Sin embargo estaban hablando de un accidente que había ocurrido allí el día anterior.

Suelen quejarse mucho cuando hablamos alto. Más de una vez, cuando íbamos un grupo de españoles por la calle nos han llamado la atención. El otro día en la piscina, el socorrista también nos dijo que no podíamos gritar. No estábamos gritando, estamos hablando con el tono normal que hablamos en España.

Allá donde vamos los Erasmus la armamos. Cuando subimos a un vagón de tren que estaba todo tranquilito, llegó el jolgorio y algarabía (¡Cuántas palabras hay en español para ruido animado, juerga…!) El otro día en el tren una amiga hasta se puso a bailar flamenco. Los alemanes incluso hacían fotos.

Desde el primer momento en el que pasé por una obra me quedé extrañada porque no decían nada. Lo echaba de menos y me parecían muy raros unos obreros que no te piropean. Poco a poco me fui dando cuenta de que aquí las cosas son diferentes en ese sentido. Los hombres respetan mucho más a las mujeres, no las "abordan" y son por lo general más detallistas.

Pero esto también tiene su parte mala, ya que son menos cariñosos en público y más independientes. Esto a veces puede crear cierta inseguridad en los españoles ya que nosotros estamos acostumbrados a exteriorizar el cariño y a darle una pequeña importancia a los celos. Para ellos esta conducta puede resultar agobiante ya que están acostumbrados a una mayor libertad.

14. Erasmus de Valencia: se ríen de los chistes malos, en cambio los juegos de palabras ingeniosos les dejan fríos.

Lo que a un alemán le hace gracia, un español lo ve como algo obvio: se ríen de un chiste fácil, simple, malo. Sin embargo una frase de doble sentido, irónica quizá, a nosotros nos parece tronchante y ellos piensan que somos bordes o que estamos locos. Anoche compartimos una velada en la residencia universitaria con nuestros amigos alemanes. Pusimos una película titulada *Soul Kitchen,* en alemán con subtítulos en español. ¡Cuál fue nuestra sorpresa al escuchar de repente carcajadas histéricas entre los alemanes y ninguna reacción entre los españoles! Cinco minutos después sucedió lo contrario. El primer caso, a nuestro modo de ver, era una escena que intentaba ser graciosa sin conseguirlo, y el segundo una conversación muy ingeniosa repleta de dobles sentidos. Esto es debido a que no son capaces de leer entre líneas y eso hace que a veces la comunicación entre españoles y alemanes sea dificultosa ya que no son capaces de entender lo que queremos decir. Un ejemplo extremo me sucedió con un amigo alemán. Estuvimos toda la noche en la fiesta del Día del Deporte con otros amigos y acabamos a las 5 de la madrugada comiendo un *kebab*. A la salida le dije a mi amigo: "¡Qué pereza! Ahora me toca irme a casa sola, con lo lejos que está." y él respondió "No te preocupes que Peter (otro de los chicos) va contigo hasta la mitad de camino porque vive cerca." En España cualquiera hubiera entendido el doble sentido de esa frase:"acompáñame por favor." De hecho a un chico español no hace falta que le digan nada. Te acompaña automáticamente. Lo ofrece él y no acepta un "no" por respuesta, mucho menos a esas horas de la mañana.

Mis amigos mejicanos se quejan de que, en el cine, los alemanes se ríen en las escenas dramáticas, o románticas. Rompen la atmósfera de la película porque se ríen cuando algo les parece embarazoso, o les pone nerviosos, no porque sea gracioso. Se ríen para burlarse.

Me llamó la atención desde el principio el tono de voz de los comentaristas en los partidos de fútbol. Aquí lo que importa es el mensaje, por eso el comentarista mantiene un mismo tono de voz. No se nota una gran diferencia en su tono cuando mete un gol Alemania o cuando lo meten contra Alemania. En cambio en España puedes saber qué está pasando sin entender la lengua, sólo por el tono de voz del presentador.

15. Cordobesa que vivió 4 años en Alemania: nosotros disimulamos las peticiones mostrando interés por la persona.

Viví en Alemania 4 años con mi novio, Jörg. Nuestra relación acabó de manera muy poco amistosa y yo cogí mis cosas y me vine a España. Durante un tiempo no supimos nada el uno del otro. Un año, poco antes de Navidad, Jörg me llamó: "¡Hombre Jörg, qué amable de tu parte, y qué raro en ti que llames para felicitar la Navidad!" Él respondió: "¿Felicitar la Navidad? No, si yo llamo para pedirte la receta del pulpo a la gallega. ¿Te parece que es un plato apropiado para Nochevieja? Lo quiero cocinar con mi novia." Le di la receta y luego comenté con una amiga que un español jamás habría dicho una cosa así.

En el mundo hispano sabemos que, si llamamos a alguien para pedir un favor, no se va directamente a la petición, sino que se pregunta qué tal le va a la persona (¿qué taaaal? ¿qué es de tu vida? ¿hace siglos que no te veo?...) se muestra interés por su vida, su bienestar, las cosas que nos quiera contar de lo que ha pasado desde la última vez que hablamos....Y luego, como quien no quiere la cosa (*beiläufig*) surge el tema por el que llamábamos. Frecuentemente le damos una apariencia de pura casualidad al hecho de que de repente se nos ocurra plantear eso. Algo de lo que hemos hablado nos ha hecho asociar esa idea (¡Ay! Hablando de comidas ricas...¡qué bueno estaba el pulpo a la gallega que hacías! ¿Tienes la receta a mano? Ahora que lo pienso, me apetece hacerlo esta Nochevieja.)

Si, por ejemplo, sugerimos a María que llame a Marta para pedirle algo, frecuentemente dice: " No puedo. Es que hace siglos que no la llamo y así de repente no voy a llamar para pedir algo." Alguien que rompe esta regla de manera muy brusca causa una impresión de egoísmo, frialdad, grosería... Los especialistas en psicología cultural explicarían esto diciendo que la cultura hispana es "*Personenorientiert*", es decir, da prioridad a las relaciones personales, mientras que otras culturas más individualistas dan prioridad al asunto a tratar.

Al margen de lo extremo del caso de Jörg (por sus escasas habilidades sociales y por sus probables ganas de meterme el dedo en el ojo pasándome por las narices que iba a cocinar el pulpo para su actual novia) a los alemanes en general les resulta difícil realizar esas largas conversaciones previas a la petición, en lugar de ir directos al grano como acostumbran, siguiendo su máxima de no perder tiempo innecesariamente. No tienen práctica en esos pequeños detalles de la vida.

También me solía enfadar con los padres de Jörg por su nula participación en mi vida y su frialdad. Dejé mi país por su hijo, lo pasé fatal porque no encontraba trabajo, y cuando lo encontré, ¡ni siquiera llamaron para darme la enhorabuena! En cambio mi madre siempre llamaba a Jörg para felicitarle cada vez que aprobaba un examen (él aún era estudiante). Y cuando Jörg venía a España mi madre le cocinaba sus platos favoritos que comíamos todos juntos. Cuando yo iba a casa de los padres de Jörg me decían que cogiera lo que quisiera de la nevera, que ellos no iban a comer porque tenían trabajo en el jardín.

Pese a todo veo mis años en Alemania como un lujo, un gran enriquecimiento, una experiencia que todo el mundo debería tener.

16. Chileno que lleva 10 años viviendo en Alemania: ya no entiendo a mi madre.

Hace unos años mi madre vino a visitarme. Hacía tiempo que no nos veíamos porque no puedo viajar a Chile todos los años. Planeé ir con ella a Berlín y se lo conté a una compañera de trabajo. Ella no había estado nunca en Berlín y me preguntó si podía venir con nosotros. Mi madre aún estaba en Chile, así que por teléfono le pregunté si le parecía bien. Dijo: "Bueeeno" y yo organicé el viaje incluyendo a mi compañera. Cuando mi madre llegó a Alemania se puso furiosa: ¡cómo se me ocurría llevar a una extraña a un viaje que debía haber sido de familia, ya que hacía tanto tiempo que no nos veíamos! Yo le dije: "Pero mamá, si me dijiste que sí."
-"Bueno, pero tú ya sabes cómo somos. Tú tenías que haberlo entendido"- respondió ella.

Lo que dicen los alemanes

1. Alemana de intercambio escolar en Bolivia: no aceptaban que dijera "no" y a mis "hermanos" bolivianos les encantaba enseñarme palabrotas.

Fui a Bolivia cinco semanas para vivir con una familia. La madre era muy amable y me hablaba todo el día aunque yo no comprendía casi nada. Pero hay algo que no entendí hasta que leí los textos y oí las explicaciones de este curso, sobre las diferencias entre el "no" en España y el "no" en Alemania: la madre siempre cocinaba cosas muy ricas y yo comía mucho pero ella siempre seguía preguntando si estaba segura de que no quería más. Yo respondía "no gracias" con una sonrisa que sería bien educada en Alemania pero como ella seguía preguntando yo no sabía qué decir aparte de "no". Siempre parecía que se ofendía un poco y nunca entendí por qué pero ahora pienso que lo entiendo. En Bolivia sería raro

España no es el país de los argumentos, sino el de los diálogos de besugos

Más de una vez, en medio de una discusión bien acalorada, he escuchado la frase: "Oye que conste, yo no quiero convencerte". Pues muy mal. Parece que no te fías de tus argumentos. Porque, si tienes buenos argumentos, a lo mejor me vas a convencer. Sólo si intentas convencerme vas a esforzarte lo suficiente para encontrar los argumentos que sustentan tu opinión. Pero España no es el país de los argumentos, es el país de las opiniones. Y como sólo intercambiamos opiniones, no importa si el otro nos escucha, ni tenemos que escucharle a él, simplemente hablamos, gritamos, no dejamos acabar al otro. ¿A quién le importa por qué no quieres vender el piso o sí? Basta con que los demás se enteren y ya nos podemos pelear durante media hora sin llegar a ningún puerto.

En : Martin Dahms *"¡Vaya país!"*

La frase "el diálogo es un monólogo intercalado" ha nacido, probablemente en España. Cuando dos individuos empiezan aquí una conversación no intentan intercambiar ideas, sino afirmar las propias todo el tiempo que le permita el otro.

En : Fernando Díaz Plaja
"El español y los siete pecados capitales"

decir solamente "no" sin explicarlo. Siguen preguntando porque un boliviano tendría que decir "no" varias veces antes de aceptar la oferta. Mi madre de acogida me preguntaba muchas veces si no me había gustado la comida y no me creía cuando decía que sí. Quizá por eso los chicos hispanos nos parecen un poco pesados cuando siguen preguntando si quieres bailar incluso si has dicho que no dos veces. No dejaban de preguntar muchas cosas que no tenía ganas de responder.

No es fácil vivir en otra cultura pero resultaba muy divertido e interesante. Algunas cosas solamente las entiendo ahora que estoy leyendo estos textos, porque por mucho que me extrañara que mi "madre" de Bolivia se enfadara no podía resolver el problema (además tenía 17 años y no pensaba mucho en diferencias culturales porque no sabía ni que existían). Espero que en mi próxima estancia en Guatemala este verano pueda evitar los malentendidos lo más posible.

Lo primero que me enseñaron los hermanos de mi familia fueron palabrotas. Les divertía mucho enseñármelas y saber cómo se decían en alemán. Cuando empecé a ir al colegio fue difícil porque seguía sin saber casi nada de español, excepto las palabrotas.

Un piropo no hace daño

Hola, Inés, ¡qué guapa estás hoy! Ésta es una de las primeras cosas que aprendí en España: que un piropo no hace daño, que alegra el día a cualquiera. ¡Qué tímidos solemos ser, en cambio, los alemanes! (...) Tendemos a ser demasiado honestos, a despreciar la simpatía por buena educación. Un amigo mío alemán que se mudó hace algunos años a un barrio de clase media de Múnich me contó que un vecino suyo tardó un año en saludarle por primera vez. ¿Qué formas son ésas? Aquí la gente se para en las escaleras: «¿Qué tal?», «¡Qué calor!, ¿eh?», «¡Cómo han subido las naranjas, vaya ladrones!», «¡No nos dejan dormir los del bar de abajo, hay que joderse!», y sigue su camino con una sonrisa.

En : Martin Dahms
¡Vaya país!

2. Erasmus en Granada: hablan muy alto y mucho, de temas personales, de la familia, se tutean, la conversación no es estructurada y gesticulan mucho.

En Granada la gente conversaba en voz más alta que los alemanes. A veces tenía la impresión de que los españoles no "aguantaban" hacer pausas en una charla sino que hablaban casi sin parar.[3]

Cuando los españoles se encuentran, hablan de una manera mucho más abierta que los alemanes aunque las personas no se conozcan bien. Hablan por ejemplo de la familia o de problemas privados. Los alemanes, en cambio, son más cerrados o reservados. Nunca hablan de problemas privados si no conocen bien al interlocutor. Las conversaciones de los españoles no eran ordenadas y tranquilas como las de los alemanes. Estos quieren hablar directamente del tema que les interesa sin mencionar mucho las cosas personales o los sentimientos. Los españoles lo hacen al revés y gesticulan mucho cuando hablan. La gente se tutea más frecuentemente aunque no se conozca o se conozca poco, incluso a nivel comercial. Hay menos distancia y dan menos importancia a la cortesía.

> **Los debates aquí son batallas**
>
> *Me busqué mi sitio político: la imparcialidad aquí no existe. (...) La preferencia ideológica de mis interlocutores la adivino por el periódico que compran o la cadena de radio que escuchan: Cadena SER o Cadena Cope, El País o Abc. Ésta apreciación raras veces engaña. Y ya me extraña cuando escucho a políti-cos alemanes discutiendo cortésmen-te, intercambiando argumentos y dejando hablar al otro. Los debates, aquí, son batallas: nunca nadie comete ningún error.*
>
> En: Peter Burghardt, *Vaya país*

---

[3] Hay que evitar los silencios. Cuando se hace un silencio la gente se ríe o se pone nerviosa y dice „ Ha pasado un ángel". Los silencios se interpretan como señal de que se está enfadado, algo no está bien en la relación, no hay cosas que decir…

3. Erasmus en Barcelona: su *small-talk* es superficial. Aprendí a no ser tan directa. Nunca sabía qué pensaban de mí. Las conversaciones no tienen resultado porque los argumentos del otro no cuentan.

Los españoles tienen muchas ganas de hablar. El "*small-talk*" es el "lado público" de España: las conversaciones superficiales, pero agradables, que se tienen en una cafetería con los compañeros, con los vecinos o solamente con conocidos. Eso no implica que no sean tan cerrados como los alemanes cuando se trata de hablar de cosas muy privadas. Las amistades que hice en España no son tan fuertes como las que tengo en Alemania. Los españoles son simpáticos y me trataron bien pero son bastante más superficiales que los alemanes y no se puede confiar tanto en lo que dicen. Facilita la vida que todos sean simpáticos (y todos lo son en España) pero al mismo tiempo eso no indica nada sobre los verdaderos sentimientos. A veces era casi imposible averiguar lo que los españoles realmente pensaban de mí porque no son directos como los alemanes y casi nunca dicen lo que realmente están pensando.

Tuve pequeños malentendidos culturales, fui demasiado directa sin saberlo. Cuando no quería una cosa o cuando no podía quedar con conocidos de la universidad decía simplemente "no", sin explicarlo mejor. Un día un conocido español me explicó que era mejor que no fuera tan directa porque a veces mis compañeros estaban un poco enfadados conmigo. Al principio eso fue difícil, porque en Alemania no hay que explicar nada y se debe decir lo que se piensa. Tiendo aún más que el alemán común a ser demasiado sincera[5] (como todas las personas de Berlín) y aprendí durante mi estancia en Barcelona que no podía ser tan directa y hay que explicar por buena educación a un español el por qué siempre que digo "no".

Jana, una amiga también Erasmus en Barcelona dice que los alemanes son más directos y a veces más desconsiderados que los españoles al decir algo como "¡qué horrible es tu peinado!" En España es por ejem-

---

[5] Para la gran mayoría de los hispanos (y algunos alemanes) eso no es ser sincera, sino ser maleducada y antipática.

plo normal que alguien te pregunte si tienes novio/a. En Alemania es un especie de tabú.

Al principio vivía con dos chicas pero me mudé. Tenía problemas con la tranquilidad de los españoles cuando había algo importante que arreglar. Siempre había conversaciones sin resultados. Cada uno tenía su propia opinión pero los argumentos del otro no contaban nada. Los españoles son muy amables y cordiales pero al mismo tiempo no escuchan verdaderamente lo que dice el otro. Para mí era difícil mantener una conversación profunda.

Los ingleses y sus indirectas ocultas (desde la perspectiva alemana)

Bueno -dije yo- entonces será mejor hablar con él.(...)
Peter me miró como si hubiera propuesto meternos con una bandada de pirañas en la bañera.
- *¿Por qué no? ¿cómo si no se va a enterar de que sus coches molestan?*
- *No. Eso no se hace así. Ya sé qué voy a hacer: enviaré una circular a todos los vecinos diciendo que hay demasiados coches aparcados en el patio. Se dará por aludido, seguro.*

(Trad. de la A.)

En: Wolfgang Koydl, *Fisch and Fritz. Als deutscher auf der Insel.*

No lo dice a la cara sino a la italiana

Sólo nuestro árbol de Navidad no le convence nada. Pero no nos lo dice a la cara, claro, sino a la manera italiana: "Vuestro árbol es muy sobrio y modesto." Ella tiene uno con cadenas de luces intermitentes, bolas de todos los colores, cintas con brillantina, cadenas de perlas y paquetitos envueltos en papel de plata. "Uno no ve el árbol de tanto adorno. Eso también es bonito. Tenéis que venir a verlo. A lo mejor preferís poner el vuestro así, ya que tenéis en general una decoración navideña tan bonita."

(Trad. de la A.)

En: Stefan Ulrich, *Quatro Stagioni.*

Discutir es como boxear con palabras

Las visitas a mis padres siempre transcurren igual. Tras el saludo mi madre me besa en las mejillas y me acaricia el pelo, luego menciona, como quien no quiere la cosa, que los hombres solteros mueren antes. Yo le contesto que nunca más le voy a presentar a una chica, que ya sabe por qué...

(...) Lo mejor de los fines de semana son los debates con los testarudos amigos andaluces de mi padre. Ellos son la causa, probable-mente, de que en el viaje de vuelta a casa me siente en el tren feliz y hecho polvo pensando en Giovanni Trapattoni. Algunos piensan que los sureños se enfadan como Trapattoni en aquella conferencia de prensa.

Pero si RTL transmitiera una de mis discusiones con los amigos de mi padre, quizá se harían una idea de cómo son las cosas realmente cuando los sureños alzan la voz. La calidad de una discusión entre andaluces sube paralelamente al nivel de decibelios con el que se expresa. Esa es la regla.

La única mujer que he presentado a mis padres en toda mi vida no conocía esa regla. Quizá por eso me dejó unas semanas después. No lo sé. A esta chica, a la que quería mucho, le había dicho: mis padres son estupendos, pero si estuvieran allí sus amigos (y estarán porque se pasan la vida en casa) no hables con ellos de política.

¿Por qué no?, preguntó.

Tú hazme caso, dije. Con Antonio, José María y Enrique no se discute. Ni de ETA, ni de toros, ni mucho menos sobre Gibraltar. No discutas, por favor.

Los toros no son política, dijo ella.

Los toros son política, dije yo.

Tardó 10 minutos. En 10 minutos 3 hienas andaluzas convirtieron a una estudiante segura de sí misma y a su moderada opinión centroeuropea sobre el conflicto de Gibraltar, en un mar de lágrimas.

Este ser encantador no había comprendido el significado de las reglas. Para los amigos de mi padre discutir es como boxear con palabras: fintas, golpes, puñetazos, impactos, todo es parte del ritual. Alzar la voz en el momento adecuado, vociferar, eso es decisivo. Discutir es un arte que hay que aprender, como montar en bicicleta o hacer tartas.

(Trad. de la A.)

En: Juan Moreno, *Von mir aus*.

4. Una alemana que hace un curso de lengua en Benidorm se irrita por lo poco fiable que es lo que dicen los españoles (lo que en alemán se llama "*Zuverlässigkeit*")

> Lo que más me molestó es que no tomen los acuerdos o citas muy en serio y la superficialidad. Fue un poco difícil al principio no poder confiar en lo que la gente te dice. Eso hizo difícil trabar amistades más profundas. Era algo que me sacaba de quicio. Uno se tiene que acostumbrar a que "te llamo mañana" igual puede significar "te llamo la semana que viene" o incluso puede no significar nada en absoluto. Pero al cabo de un tiempo encontré un grupo de amigos fijos y se podía confiar en acuerdos hechos.
>
> Tienes que estar atento para que no te den gato por liebre en los negocios. Me refiero a una experiencia con la reparación de nuestra calefacción. Tienes que insistir en lo que quieres y decir lo que no te gusta. Sobre todo la intensidad de sonido era agotadora, pero el resto, aunque me costó acostumbrarme, lo vi muy positivamente.
>
> Una diferencia en las conversaciones es que los españoles suelen interrumpir a los demás. Esto muestra interés por la conversación aunque en Alemania parece grosero y maleducado. [6]

5. Una alemana hija de peruana experimenta en Canarias el modo indirecto de comunicación y el alto volumen de voz, que ya conoce por su madre. Echa de menos el espíritu práctico alemán.

> Estoy muy acostumbrada a discutir a la manera peruana. Mis amigos, cuando vienen a mi casa en Alemania, se asustan un poco, porque una conversación con toda la familia puede parecer una pelea fuerte. Algo que pasa siempre que comemos juntos. Por eso ese aspecto de la cultura canaria no me sorprendió.

---

[6] En España lo es también, según cómo se produzca la interrupción. Curiosamente en los libros sobre hombres y mujeres del matrimonio Pease cuentan que muchos estudios demuestran que las mujeres tienden a interrumpir, los hombres no. En España lo hacen ambos, pero las mujeres más.

> ### *El excesivo silencio les pone nerviosos*
>
> *Si hay algo con lo que los españoles tienen que llamar la atención, es el ruido: a ser posible mucho, muy alto y preferentemente por la noche, para que todos se enteren de lo bien que les va. A la una de la madrugada hacen que su entorno se entere de que acaban de comprar una pila de películas o un nuevo CD que pondrán a todo volumen mientras que abajo en la calle los jóvenes corren a toda velocidad en sus Hondas con el tubo de escape manipulado para aumentar su rugido. (...)*
>
> *El excesivo silencio les pone nerviosos, por lo que el español no se habla, sino que se grita, excepto tras la comida, entre 3 y 5, cuando todos duermen.*
>
> (Trad.de la A.)
> En Drew Launay „*Xenophobe´s guide to the spanish"*

Otro aspecto al que ya me había acostumbrado mi madre es que al hablar se puede andar con rodeos. En esos momentos, mis hermanos y yo siempre decimos a la vez "*Komm zum Punkt, Mama!*" (¡VE AL GRANO MAMÁ!) Pero eso no se lo podía decir a mis amigos españoles en Canarias. A veces me resultó muy difícil soportar sus largos rollos sin decir nada. Ahora sé que la manera de decir algo muy directamente, como los alemanes lo hacen, me gusta muchísimo. Así pueden evitar malentendidos. Además, una conversación alemana me parece bastante útil. Y útil es quizás un adjetivo que se puede usar para todos los comportamientos alemanes.

6. Una estudiante alemana se asombra de la traducción de nombres extranjeros, de la incapacidad de los españoles para decir que no, y de que no pueden ver la tele sin comentarlo todo.

Traducen incluso nombres propios como Alberto Durero (Albrecht Dürer). Un día leí en el periódico que hablaban del príncipe Enrique. Pensé que no sabía nada de la familia real, porque no conocía ningún miembro llamado Enrique. Al leer el artículo completo me di cuenta de que se trataba del príncipe menor de los Windsor que es conocido aquí como "Prinz Harry/ Henry". ¿Qué les parecería que dijéramos "Johann Karl" para hablar del rey de España? ¿No sería una ofensa?

Por otro lado, los españoles inventan nombres casi ingleses. Por ejemplo, para decir que corren, dicen "hacer *footing*". *Footing* es una palabra creada por los españoles, como *handy* en alemán, que tampoco existe en inglés.

Lo más difícil son las expresiones idiomáticas. Trabajé como aupair y una vez hice una torta para los niños. Al día siguiente le dije a la madre que les había dado una torta a los hijos. ¡Me miró de manera espantosa!

Lo que también me llamó la atención es que muchos españoles no pueden decir "no" cuando no quieren alguna cosa. Prefieren evitar situaciones semejantes en vez de decepcionar o enfadar a alguien. Pero yo prefiero respuestas sinceras y definitivas y no me enfado si alguien rechaza una propuesta. Un día nos enfadamos bastante con un amigo español al que habíamos preguntado semanas antes si no tenía ganas de acompañarnos a Astorga. Él nos evitó unos días para no tener que decirnos que no le interesan los edificios de Antoni Gaudí. Nos sentó mal porque nos decía cada vez que lo veíamos: "Mañana os lo diré." Al final nosotras ya no pudimos ir.

Otra experiencia graciosa con mis compañeras de piso es que no se puede ver la tele con ellas y sus amigos sin que comenten cada anuncio y todo lo que ven. No sé si se puede generalizar y decir que representan a

---

¡Cómo nos parecemos a los turcos!

Las agujas de hacer punto de la tía Hatice tintinean suavemente. Quiere saber cuándo empieza el telediario. Nadie responde. La pareja de la película reclama toda nuestra atención. Entonces se inclina hacia mí y pregunta: "El pecho no es natural, ¿a que no?"

El tío Ömer gruñe: "Claro que no, se ve a la legua", sin quitarle los ojos de encima a la chica desnuda. Mi hermana nos manda callar. Durante 4 segundos somos capaces de estar en silencio. Quizá incluso cinco. Entonces la tía Hatice se inclina sobre la mesa y susurra: "¿Cómo es que entiendes tanto de pechos de silicona Ömer?" El tío Ömer sólo contesta "Sscht", y mi hermana dice que va apagar la tele si no nos callamos de una vez.

"Dámelo ya", dice la tía Hatice quitándole a mi hermana el mando a distancia. Y apaga la tele: "Bueno, ya basta. De todas formas sólo queríamos ver el telediario en vuestra casa."

(Trad. de la A.)
En: Dilek Güngör, *Ganz schon deutsch*

la sociedad española que siempre prefiere la cercanía y la sociabilidad, pero lo que puedo decir es que hoy echo mucho de menos sus comentarios cuando veo la tele.

7. Intercambio escolar en Cádiz: los piropos son agradables, pero dentro de la familia los problemas no se hablan.

Algo que me gustaba mucho es que en España todo el mundo suele echar piropos a todo el mundo. En Alemania solemos hacerlo sólo con amigos pero no con desconocidos, lo que es una lástima porque no cuesta mucho pero le alegra el día a la otra persona.

De la familia con la que vivía me llamó la atención que, aunque siempre hablaban mucho y en voz muy alta, no se hablaba tanto de asuntos íntimos, de sentimientos, de lo que les preocupaba. Los españoles me parecían en este aspecto mucho más reservados que los alemanes, que siempre dicen lo que piensan. Todos los miembros de la familia sufrían por la situación familiar, pero nadie expresaba lo que sentía directamente.

Muestran a menudo una actitud de superioridad

Ese estilo peculiar del *Besserwisser*, el sabelotodo, el *Oberlehrer* que va dando lecciones, se caracteriza quizá por el *hinterfragen*, verbo para el que no tenemos traducción, pero el Sr. Barrenechea, asesor de empresas alemanas en España, lo define bastante bien:

Los alemanes muestran, a menudo sin quererlo, una actitud de superioridad. Conversando exhiben un afán de no dejar nada estar, de comentarlo todo y oponer siempre algo. Tienen una marcada necesidad de mostrarse competentes en su campo, de criticar cosas, de mostrar sus capacidades. Y apenas pueden distanciarse de sus negocios. Eso no nos gusta nada.

¿Por qué debe ser todo puesto en cuestión siempre? ¿Por qué son siempre tan serios y especializados? Para nosotros es importante saber también desconectar, divertirse, mostrar humor y cultura, expresar un estilo de vida, una conversación interesante y divertida. Esa es la raíz del negocio, lo que motiva, crea confianza y divierte."

(Trad. de la A.)
En: Reisch, Berndhardt
Distanz und Nähe

8. Alemana que pasó 6 años en Paraguay: nunca van al grano, lo importante es salvar la cara.

Los paraguayos nunca dicen "no" directamente, aun cuando lo piensen. Más bien tratan de interpretar lo que piensa el otro o lo que quiere. Cuando se trata por ejemplo de un proyecto suelen más bien dar rodeos como éste: "Su proyecto es muy interesante. Volveremos a hablar de él más tarde." Para el interlocutor esta frase indica que nunca van a hacerlo y que el proyecto no les interesa. Si dijeran "no" directamente, nunca más podrían cooperar de una manera constructiva con esa persona. Respetar al otro y quedar bien es lo más importante en Paraguay.

Después de haberme acostumbrado al "comportamiento" paraguayo, en Alemania, durante las primeras semanas siempre decía por ejemplo: *"Es wäre eine gute Sache, wenn Sie Ihr Auto wegfahren würden."* (Estaría bien que moviera de aquí su coche.) Por supuesto nadie reaccionaba.

Se puede deducir de esto que Paraguay es un país colectivista, de contexto fuerte. No critican al otro directamente, sino que dan rodeos. Además, cuando los paraguayos quieren comprar algo, nunca van directamente al grano. Nunca empiezan con lo importante, con lo que quieren comprar, sino, por ejemplo, con el tiempo, y después, en el momento conveniente, piden lo que quieren y después siguen la conversación un rato.

9. Christoph hizo un intercambio escolar en Barcelona: nuestro humor es distinto, no aguantaba sus cadenas de chistes y ellos no entendían mis burlas de los profesores.

En Alemania el humor es muy variado, cada persona tiene su humor personal. Pero el humor se distingue aún más entre los países y culturas. En España tenía la impresión de que no entendían mi humor. Y al revés. Cuando yo quería expresar mis divertidas observaciones p. ej. sobre la manera en que enseñaba el profesor, algunos me miraban con ojos de incomprensión y preferían contarse chistes sobre temas que me parecían raros, relacionados con el machismo, la sexualidad, el rol de la mujer y el alcohol. Pocas veces los chistes tenían un tema político.

A mucha gente en España le encanta ese tipo de humor. En un viaje de autobús muchos pasajeros estuvieron horas riéndose de un montón de chistes banales que contaban sin pausas durante una hora o más. Y sin parar de reír. En Alemania habría gente que se quejaría al conductor después del cuarto o quinto chiste. No se suelen escuchar muchos seguidos. En cambio en España hay concursos públicos y va mucha gente. Existen programas de televisión y de radio donde sólo se cuentan chistes. No entendí muchos, aparte de los temas generales, y la verdad es que me molestaba escuchar tantos sin pausa. Casi no lo aguantaba. Pero seguramente hay algo serio, irónico y crítico en ellos. Si no la gente no iría. Esa manera especial de reflexionar sobre temas quizá más serios a través de los chistes debe de atraer a la gente. Supongo que ese humor tal vez tendrá más en común con el "humor negro" y quizá en ese aspecto muchos españoles e ingleses se comprenderán mejor.[7]

10. Estudiante en prácticas en Méjico: no entendí cómo pueden los médicos mejicanos reírse de sus pacientes ni por qué en el autobús te preguntan si vas a salir.

¿Son los insultos y las burlas una consecuencia negativa de la cortesía positiva?
¿Si uno puede invadir el espacio del otro para ser cálido, para acoger, ayudar, dar la bienvenida, también lo hace para insultar, burlarse, formular opiniones y observaciones hirientes?

El trabajo voluntario en un hospital estatal me permitió rápidamente hacerme una idea de las malas condiciones de vida de muchos mejicanos de clase baja. Al principio la falta de higiene que observé en el hospital me aterrorizó igual que la manera irrespetuosa en la que muchos de los médicos trataban a los pacientes. ¿Cómo podían dos cirujanos burlarse del sobrepeso de la señora que estaban operando justo en aquel momento, especialmente si ésta estaba consciente? Pero poco a poco acabé acostumbrándome y solamente me daba cuenta de lo irritante que era cuando, contándoselo a un amigo alemán, éste se escandalizaba.

---

[7] Kate Fox nos informa en su libro "Watching the english" de la opinión de los ingleses sobre el humor de los países de la Europa continental: según las encuestas creen que ninguno tiene sentido del humor excepto los españoles.

Los hombres en Hispanoamérica te preguntan todo el rato si tienes novio y cosas así. Creo que no lo hacen sólo por ligar, sino por averiguar información importante como la profesión o el origen de la persona. Otra cosa que me llamó la atención es que en el metro o autobús, si estás de pie cerca de la puerta, la gente te pregunta "¿va a salir?". La primera vez me enfadé. No entendía qué le importaba a aquel señor si yo iba a salir o no. Luego comprendí que es una forma de pedirte que les dejes pasar, porque ellos sí van a salir.[8]

11. Alemana profesora de español en Baviera: no sé cuándo los españoles me incluyen en sus planes porque nunca lo dicen expresamente

Estuve hace poco en un congreso del GMF en Regensburg (Ratisbona). Al terminar la jornada, la conferenciante y otras chicas también españolas hablaban de ir a la ciudad a tomar algo. Yo estaba en el círculo, en la conversación, pero nadie me dijo: "Renate ¿quieres venir?" Así que de pronto, un poco irritada, dije: "Bueno, ¡¿pero yo estoy invitada o no?!" Me miraron con cara de asombro y dijeron todas a coro: "¡Pues claro!" Y pensé que a lo mejor mi español es peor de lo que yo pensaba. ¿Me habrían invitado y yo no lo había entendido? Pero el otro día una amiga española me contó que estaba furiosa, porque ella y otras españolas estaban sentadas en el jardín con unos alemanes que vivían en su residencia y los alemanes hablaban de una barbacoa, una fiesta que querían organizar. Les parecía horroroso que hablaran delante de ellas de una fiesta a la que no estaban invitadas. Estaban indignadas, ofendidas, dolidas. Parece que los españoles dan por hecho que cualquier plan del que se hable incluye a todos los presentes. Dicen que, aunque no les apetezca, se invita a todo el que esté delante y si no no se habla de la fiesta en su presencia.

Unos días más tarde esta chica se enteró de que unos alemanes habían invitado a una fiesta a su mejor amiga española. En otras circunstancias habría ido ella también, pero como había aprendido leyendo

---

[8] De nuevo el contexto fuerte. En España también es normal preguntar si va a salir en lugar de decir „¿Me deja pasar, por favor?" Todo el mundo sabe interpretar esa pregunta cómo una petición. Es normal para nosotros interpretar por el contexto más de lo que dicen las palabras.

"Gramática de la cultura" que los alemanes no invitan automáticamente a todo el mundo y quien no ha sido invitado explícitamente no debe considerarse invitado, pues no fue. Se quedó en casa muy dolida, pensando "¿qué he hecho? ¿por qué les caigo mal?" Luego se enteró de que todos habían preguntado por ella. No la habían mencionado explícitamente en el *mail* porque como habían visto que ella invitaba a uno y con eso ya consideraba que todos estaban invitados, dieron por hecho que ella también iría. Es decir, ella había actuado a la alemana, ellos a la española, los papeles se habían cruzado y por eso no se habían entendido. ¡Qué gracioso! Es como si yo voy a tu casa a buscarte y tú estás en la mía esperándome.

    Otra española me ha contado que su primera experiencia con alemanes fue en Inglaterra. Estaba haciendo un curso de inglés en Bath y en su casa vivían otras estudiantes alemanas. Ella daba por hecho que los planes que hacían por la noche, como ir a la escuela a ver películas en inglés, los harían juntas. Además una alemana tenía coche, así que ella daba por supuesto que las llevaría a todas. Tras ver la película, iban a ir a un pub. Ella invitó a otra española que estaba en su curso. Se sorprendió mucho al ver que las alemanas ni miraban, ni saludaban a la otra española, que al final se negó a ir con ellas por lo antipáticas que eran. Luego fueron de un pub a otro: las alemanas se asomaban, hablaban entre ellas en alemán, y se iban al siguiente porque parecía que ninguno les gustaba. Todo ello sin preguntar ni informar a la española que iba detrás como un perrito. En el tercer pub ya estaba tan enfadada que explotó: "¡Sois unas groseras, unas maleducadas y no quiero tener nada que ver con vosotras nunca más!" Y se fue a su casa andando. ¡Su casa, que era también la casa de las alemanas!

12. Estudiante en un intercambio universitario en España: los alemanes incluso lingüísticamente llamamos a la puerta.

    Me sorprende que los españoles, cuando entran en una tienda, preguntan así de sopetón: "¿Tenéis bolígrafos naranjas?" El otro día se lo oí a una chica que parecía tener mucha prisa. Lo preguntó desde la puerta de la papelería, sin siquiera entrar. Parecía tener mucha prisa. Pero nadie se ofendió. Todos hablaron en un tono simpático y amable. Nosotros primero tendríamos que decir: " Perdón, tengo una pregunta" o "¿Puedo hacerle una pregunta?" Y no interrumpimos si está hablando con otra persona o haciendo otra cosa. Es curioso: los hispanos tienen mucha paciencia para esperar en una cola, pero no para esperar que les contesten una pregunta.

También he observado que los españoles preguntan cosas muy personales (por ejemplo si tienes novio) sin pedir permiso, con toda naturalidad. Nosotros decimos "*Wenn ich fragen darf.*" Mi profesora dice que es una manifestación de la cortesía positiva. A los alemanes nos sorprende que los hispanos tengan muchas veces la puerta abierta o incluso a veces no haya puerta, y que la gente entre en tu habitación frecuentemente y con toda naturalidad. Mi profesora dice que de igual manera en alemán tenemos puertas lingüísticas propias de la cortesía negativa, como "*Wenn ich fragen darf*" o " "*Ich hätte eine Frage.*" Nuestro espacio está claramente delimitado y no se puede invadir. Para la gente de cortesía positiva las fronteras no están tan claras y no son tan positivas ni deseables, porque pueden dar la impresión de frialdad, egoísmo, insociabilidad, falta de naturalidad y espontaneidad…

Si uno se salta las fronteras con una sonrisa y un tono amable nadie se ofende. Por ejemplo en un bar un señor llega, se acerca a la barra y dice: "¿Me pones un café?" No hace falta decir "Querría un café", ni "¿Podría ponerme un café?". No hace falta ser muy formal. Con su sonrisa, su tono simpático y desenfadado, la familiaridad con que lo dicen, suena más agradable que " *Ich hätte gern ein Kaffee*" con cara seria.

13. Alemana que pasó mucho tiempo en Argentina: mis conocidos preguntan siempre las mismas cosas.

> *Compara este testimonio (13) con el testimonio 12 de "Lo que dicen los hispanos" ¿Qué relación tiene esto con la cortesía positiva o negativa con el individualismo o colectivismo?*

Cuando hablo con mis conocidos argentinos de la escuela por el Messenger siempre me llenan de preguntas, siempre las mismas, mecánicamente. Preguntan por preguntar. Hablan por hablar. No les interesa nada si contesto o no. A veces ni siquiera te dejan tiempo para responder o interrumpen antes de que hayas contestado la pregunta. Eso me molesta. Con mis amigos argentinos sí me gusta hablar, sabemos qué preguntar y que es sincero el interés. Hace unos días, en una fiesta, una española dijo que los alemanes hablan muy poco, que hay que sacarles las palabras con sacacorchos, que en España es mucho más fácil conocer a gente y entablar conversación. Había un chico alemán allí que había estado en Madrid como Erasmus. Dijo: "Sí, los españoles hablan mucho pero no dicen nada."

14. Alemana que pasó muchos años de su infancia en E.E.U.U.: mi novio no soporta que hable tanto con los vecinos.

Ahora que he aprendido que E.E.U.U. es una sociedad de cortesía positiva y Alemania de cortesía negativa entiendo mejor por qué a mi novio le sacan de quicio algunas cosas que hago. Por ejemplo, cuando voy a su casa hablo con todos sus vecinos y luego le cuento a él cosas de ellos. Eso no le gusta. No quiere saber nada de ellos y además teme que si les doy demasiada confianza le molesten cuando está en casa y no tenga su privacidad y tranquilidad como a él le gusta. Por eso cuando le hablo de sus vecinos se pone nervioso y dice: "¡ERES TAN AMERICANA!" llevándose las manos a la cabeza con desesperación.

Mi padre, que ha estado conmigo ahora en E.E.U.U., donde no había estado nunca antes (nunca sale de Alemania) estaba desconcertadísimo allí, porque cuando íbamos por la calle o las tiendas todo el mundo hablaba conmigo. Él no habla inglés y no sabía qué me decían. Por eso preguntaba todo el rato: "¿conoces a toda esta gente?" Y yo tenía que explicar todo el rato: "Nooooo, papáaaaa, no les conozco, sólo me están saludando." Cuando a él le saludaban amablemente y le preguntaban algo, aunque no sabe inglés, quería contestar en alemán y contarles muchas cosas y no se daba cuenta de que no querían oír la historia de su vida sólo porque le habían preguntado "*How are you?*"

15. Hija de española y alemán crecida en Alemania: a veces mi madre no me entiende ni yo a ella.

Yo quiero mucho a mi madre y valoramos mucho en casa haber crecido con dos culturas, pero a veces me parece que ella se siente extraña e incomprendida en su propia familia. Aunque lleva muchos años viviendo aquí su comportamiento es muy español, más que el de otros españoles que conozco. Eso provoca mucha incomprensión y reacciones que hacen que sufra. Pero yo no sé cómo ayudarla, cómo explicarle las cosas que le molestan tanto en los alemanes. Por ejemplo, cuando yo estaba en el colegio, un día vinieron a recoger a una compañera de clase porque se puso enferma. Dos semanas después aún no había vuelto al colegio y mi madre, al enterarse, insistía en que yo tenía que llamar a su casa para hablar con ella y saber cómo estaba. Yo la miraba horrorizada. ¡No podía invadir la intimidad de mi compañera de esa manera! ¡No habría sabido qué decir! Me daba mucha vergüenza. No sabía explicar por qué, sólo decía: ¡MAMÁ, NO PUEDO HACER ESO! Y ella respondía igualmente excitada "¡PERO TIENES QUE LLAMAR! ¡NO PUEDES NO LLAMAR! ¡QUÉ HORROR!" Y se lo contaba a sus amigas españolas muy triste, como asombrada de que su propia hija fuera una extraña para ella e hiciera cosas que a ella le parecían horribles.

Yo tenía la sensación de que se sentía como un gato (española) viviendo entre lagartos (alemanes) es decir, entre seres de otra especie, y que de repente, cuando yo actuaba de manera muy alemana, ella sentía con horror que había dado a luz a un lagarto y no un gato. Decía asombrada: ¡MI PROPIA HIJA! sin poder entender cómo esas cosas que le desagradaban tanto en otros alemanes podía hacerlas yo también.

En Italia también se expresa la crítica de manera indirecta

Murmuró que a esas horas en realidad él no tenía que estar trabajando. Pero por supuesto que no importaba que llegáramos tan tarde. Había estado todo el día esperando nuestra llamada, pero por supuesto que no importaba que no nos hubiéramos molestado en llamar en todo el día y por eso él se hubiera pasado el día entero pegado al teléfono, aunque tenía muchísimo que hacer. Por supuesto que no era un problema.

Pronto aprenderíamos que a los italianos les gusta expresar la crítica y otras cosas desagradables de manera alambicada.

(Trad. de la A.)
En: Stefan Ulrich, *Quatro Stagioni*.

Actividades post-lectura

7. A. Lee estas descripciones sacadas de un libro de psicología (Pease 2000) y decide si describen mejor a los hombres o a las mujeres. Luego piensa si describen mejor a los alemanes o a los hispanos, ¿puedes relacionarlo con alguna de las dimensiones de Hofstede? Coméntalo con tus compañer@s que habrán leído el bloque 2.

BLOQUE 1

1. Pasan tiempo junt@s sin hablar. Que estén callad@s sólo significa que necesitan tiempo para sí mism@s, no que estén enfadad@s.
2. No se interrumpen al hablar. Si lo hacen eso indica que quieren ser agresiv@s.
3. Hablan siempre con un objetivo, no les gusta la conversación desestructurada. Dicen directamente lo que piensan, sus frases son cortas, directas, se concentran en lo esencial y se orientan a problemas concretos.
4. Cuando escuchan parecen estatuas. Para mostrar que escuchan producen sonidos guturales tipo „hmmm".
5. Hablan de cosas, actividades que han hecho, en qué son buen@s, cómo funcionan las cosas. De tecnología, coches, política…
6. Para el 70-80% lo más importante es el trabajo.
7. Son desconfiad@s, competitiv@s, controlad@s, defensiv@s y solitari@s que esconden sus sentimientos porque son señal de debilidad.
8. No se llaman por sus nombres sino por sus apellidos, motes, apodos…asfixiando la intimidad.
9. Su cerebro está programado para la técnica, para profesiones que requieren visión espacial, como la ingeniería.
10. Tienden a evitar el contacto físico con l@s de su mismo sexo.
11. Tienen una mejor visión espacial por lo que aparcan muy bien.

7.B. Lee estas descripciones sacadas de un libro de psicología (Pease 2000) y decide si describen mejor a los hombres o a las mujeres. Luego piensa si describen mejor a los alemanes o a los hispanos. ¿Puedes relacionarlo con alguna de las dimensiones de Hofstede? Coméntalo con tus compañer@s que habrá leído el bloque 1.

BLOQUE 2

1. Si cuando están junt@s no hablan, significa que hay problemas, de lo contrario es imposible.
2. Hablan de diversos temas al tiempo, como un malabarista maneja varias pelotas. Pueden hablar y escuchar a la vez, por eso hablan tod@s a la vez.
3. Son indirect@s para evitar conflictos y afirmar relaciones. Les gusta hablar por el placer de hablar, de establecer contacto, cercanía.
4. Su manera de hablar es exagerada, no hay que interpretar lo que dicen en sentido literal. Al escuchar su cara pasa en 10 segundos por una media de 6 expresiones diferentes; tristeza, sorpresa…
5. Hablan de relaciones, secretos, ropa, comportamientos y todo lo referente a las relaciones interpersonales. Les interesa la comunicación, el trabajo en grupo, la armonía, el amor, las relaciones, las personas.
6. Para el 70-80% lo más importante es la familia.
7. Están programad@s para ser abiert@s, confiad@s y cooperativ@s, para mostrar debilidad y sentimientos y para saber que no pueden tenerlo siempre todo bajo control.
8. Tienden a usar sus nombres de pila.
9. Su cerebro está programado para lo estético más que para lo técnico.
10. El contacto físico es una parte esencial de la amistad entre ell@s.
11. Tienen una peor visión espacial, por lo que les suele costar más aparcar.

8. Comenta este fragmento de la novela de Rosa Ribas. ¿Qué molesta a la madre, Celsa, de la hija? ¿Qué molesta a la hija, Cornelia, del modo de atender el teléfono de la madre? ¿Qué explicación cultural tiene esto? ¿Puedes relacionarlo con el individualismo/ colectivismo, la cortesía positiva o negativa? ¿De qué procedencia socioeconómica y geográfica crees que es Celsa? ¿Cómo influye eso en su mayor o menor colectivismo?

En Alemania todo es tan impersonal

- *Weber*
- *¡Hija! Siempre olvidas el Tejedor, como si no te gustara.*
- *Y tú, mamá, olvidas que tienes que decir quién eres cuando llamas por teléfono, si no la gente no sabe con quién está hablando.*
- *¿Cómo no lo van a saber? Me reconocen por la voz. Tú bien has sabido que era yo.*
- *Porque soy tu hija, pero no puedes esperar que te reconozca el médico, o el del banco.*
- *Pues deberían, que para algo me conocen desde hace tantos años. En España bien que me conocen y sólo me ven en verano. El chico de la Caixa Galicia sin ir más lejos....*

El "chico de la Caixa Galicia" había superado hacía varios años los cincuenta y era, como casi todos en el pueblo, pariente más o menos cercano de los Tejedor, pero era uno de los ejemplos predilectos de Celsa Tejedor para demostrar que en España la gente se conoce, no como aquí, en Alemania, que todo es tan impersonal.

En: Rosa Ribas *"Entre dos aguas"*

(Esta novela cuenta la investigación del asesinato de un español que vivía en Frankfurt desde los años 60. Una hija de española y alemán, la inspectora encargada del crimen, Cornelia Weber-Tejedor, es hija de otra *Gastarbeiterin*, que conocía bien al asesinado, pues la colonia de españoles es como una gran familia.)

9. Comenta estos textos: ¿Cuál es el comportamiento para Celsa típicamente español, y cuál sería el comportamiento alemán, en cuanto a hacer invitaciones? ¿Qué relación tiene esto con la cortesía positiva o negativa con el individualismo o colectivismo? En el segundo texto Juan Moreno, hijo de españoles, recoge algo parecido. ¿Hay un paralelismo entre ambos textos?

Invitar a todo el mundo por cortesía

Celsa Tejedor se dirigió a Fischer.
- *Si usted quiere venir está por supuesto invitado.*

A Cornelia casi se le paró el corazón. Esa costumbre española de invitar por cortesía presuponiendo el no, era una fuente constante de conflictos en Alemania, donde las invitaciones suelen ir en serio. Pero su preocupación se demostró injustificada. En casa de Fischer había una señora Fischer.
- *Muchas gracias, pero mi mujer y yo ya tenemos planes.*
- *Lástima. Otra vez será.*
- *Eso. Otra vez será. Atajó Cornelia antes de que se les fuera a ocurrir concertar una cita.*

En : Rosa Ribas "Entre dos aguas"

Ser educado a menudo es exactamente lo contrario de sincero

Thorsten, ese amigo mío bastante desesperante, había venido de visita y estaba frente a mi nevera. La abrió, sacó un tetra-brik de leche, lo olió, torció el gesto y la tiró por el fregadero. Yo le miraba. Volvió a la nevera, sacó un zumo y se giró hacia mí.
¡Oye! ¿Qué opinas de los perros?
No contesté. Sólo miré al fregadero. Había comprado la leche aquella mañana, no estaba mala. ¿Tendría que quejarme? Decidí dejarlo. Era culpa mía. Al principio de nuestra amistad le había dicho a Thorsten que se sintiera como en su casa. Mi madre se lo dice a todos los que la visitan. A menudo he intentado explicarle que eso se lo puede decir a los turcos, griegos o italianos, porque los extranjeros saben que eso es sólo una frase hecha, un formulismo que no significa nada. A los alemanes no se les debe decir eso. Se lo creen. Realmente piensan que el minero andaluz se pone como loco de alegría cuando un mochilero se autoinvita a comer. Pero se equivocan. El minero es educado, lo que a menudo es exactamente lo contrario de sincero.

(Trad. de la A.)
En: Juan Moreno, *Von mir aus.*

10. Aquí tienes 3 fragmentos de la novela que ya conoces. ¿Qué adjetivos aparecen en ellos para describir el estilo conversacional hispano y el alemán? Imagina la escena del segundo fragmento y escribe una carta en la que la cónsul española describe la impresión que le ha causado Cornelia con su estilo conversacional alemán.

- Pero perdone, ya me vuelto a ir de tema. Es que cuando empiezo a hablar de los viejos tiempos no tengo freno.
Para no parecer demasiado alemana, demasiado directa (Cornelia) reprimió confirmar esta afirmación y fingió que no le empezaban a cargar estas excursiones forzosas en su pasado.

    Más de dos horas después regresó de una visita en la que sobre todo había obtenido una especie de voto de confianza por parte de la cónsul. Tenía que admitir que a veces esa forma de hacer de los españoles la ponía nerviosa. Los largos preámbulos, la necesidad de crear un entorno cordial antes de entrar en el tema la impacientaban. Incluso en el caso de la cónsul. Le creaba cierta desazón que no estuvieran claras las jerarquías y era consciente de que no sabía moverse con soltura en situaciones como ésa. Hubiera sido más fácil si la cónsul hubiera hecho valer su autoridad para indicarle sus deseos; ella entonces, si no hubiera estado de acuerdo, habría dado sus argumentos. Y así hasta tenerlo todo hablado. Plis plas, Y ya está.

    En cambio había estado un rato hablando de la hermosa vista desde el piso veintiuno de la torre, habían charlado sobre la ciudad, sobre multiculturalismo, sobre esto y aquello, mientras tomaban un café, eso sí, excelente. Dos horas había durado la conversación.

- Es más fácil seguir en contacto cuando se conoce la cara de los interlocutores.- había dicho la cónsul en un momento de la charla.
    ¡Dos horas! Dos horas para verse las caras. Y después esperaban rapidez por su parte.

                                        En : Rosa Ribas, *Entre dos aguas*

El padre de Cornelia se había criado en la misma zona (Ruhr) y era a veces demasiado directo. Breve y directo. Su madre, en cambio, era prolija y a veces indescifrable. Cornelia se decía que en ella se había producido una mezcla. Era concisa como su padre, pero había heredado de la rama materna la manera indirecta de decir cosas desagradables.

En : Rosa Ribas, *Entre dos aguas*

11. Yang Liu es una diseñadora gráfica que en su libro "East vs. West" ha reflejado en 24 dibujos algunas de las principales diferencias culturales entre los países orientales y los occidentales. Muchos autores extranjeros (ingleses, por ejemplo) que escribían sobre España en el siglo XIX decían que nuestra cultura les parecía oriental. Aún hoy Elfie Donelly lo ve así. ¿Y tú? ¿Dónde ves las culturas hispanas más representadas, en el lado oriental o en el occidental de estos 3 gráficos? Razona tu respuesta y coméntala con tus compañer@s en grupos y luego en pleno. Fíjate en el título temático de cada gráfico: fiesta, opiniones, en el restaurante.

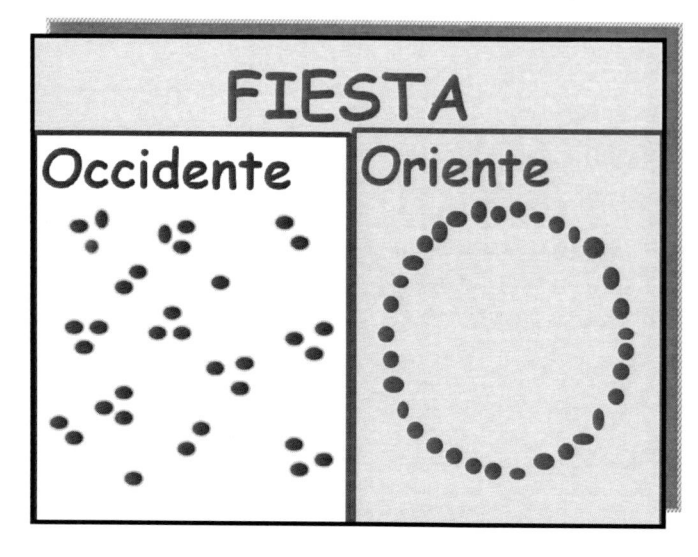

(Estos no son los gráficos originales, sino otros hechos especialmente para „Gramática de la cultura". Los de Yang Liu pueden encontrarse fácilmente en Internet, o en el libro de Yang Liu. Ver bibliografía)

OPINIONES

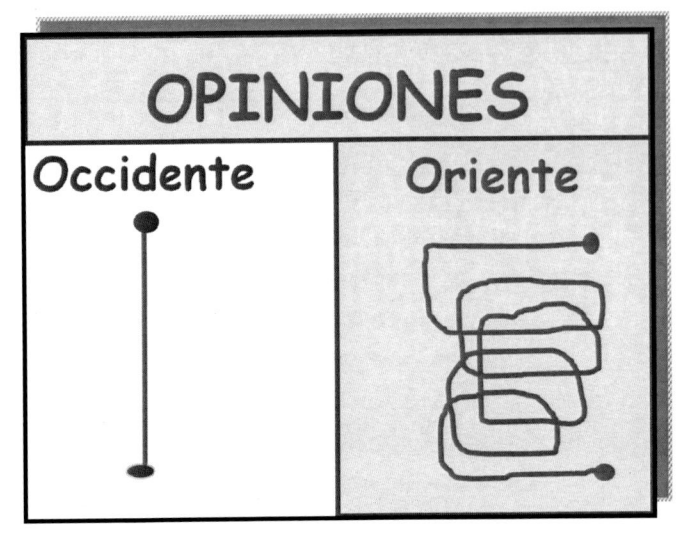

Occidente | Oriente

¿Se va al grano o se expresan las opiniones con muchos rodeos?

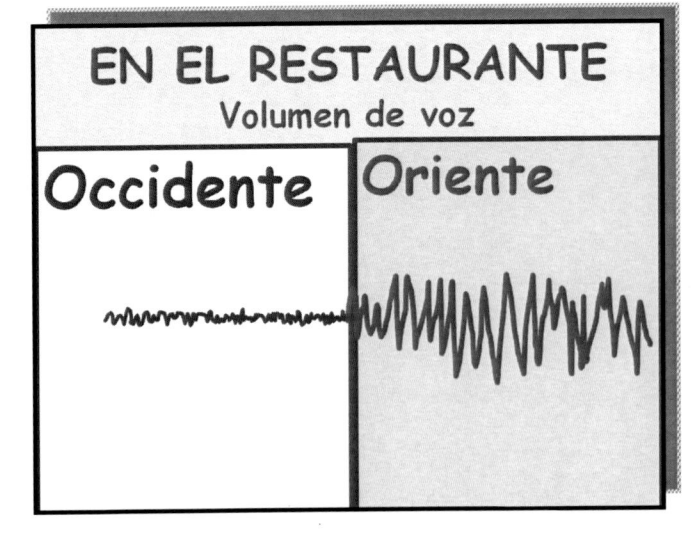

EN EL RESTAURANTE
Volumen de voz

Occidente | Oriente

¿Se habla muy alto o en un tono de voz que permita la privacidad y no moleste, de modo que en las mesas de al lado no se enteren de todo lo que uno dice y puedan concentrarse en sus conversaciones sin ser molestados?

Conclusión

La conversación es una necesidad que ocupa gran parte de nuestra vida, y dado que no se suelen esperar fuertes diferencias culturales en este ámbito, las existentes causan grandes malentendidos, quizá los más graves. Pero vayamos al grano, al estilo alemán.

1. Contexto fuerte/ contexto débil

Las sociedades individualistas tienen un estilo comunicativo de contexto débil: el mensaje se expresa explícitamente con palabras. Lo importante es el asunto y la claridad. El estilo de contexto fuerte (colectivista) trata de preservar la armonía y da prioridad a la relación sobre el asunto. Se caracteriza porque gran parte del mensaje puede no comunicarse a través de las palabras sino a través del contexto: los gestos, el tono, la interpretación de qué puede significar eso en esa situación dada la relación entre las dos personas que hablan etc.

1.a. Decir que no

Mis estudiantes se ríen mucho cuando les cuento que, a veces, cuando decimos que no es que sí, y cuando queremos decir no, la palabra "no" no atraviesa nuestros labios. Los hispanos también se ríen y algunos hasta lo negarían si no lo explico en detalle porque no lo hacemos conscientemente.

> ¿Qué os traigo? ¿Un postrecito? ¿Flan, cuajada?
>
> No, gracias. Hemos comido fenomenal. Ya sabes que tu flan me encanta, pero es que del segundo plato he repetido dos veces. Estoy a punto de explotar. Nos tenías que haber dicho antes que había postre especial.
>
> Pero a un postrecito no me vais a decir que no. ¡No me vais a hacer ese feo!

I.a.1.No que puede ser sí.

"No, fuma, fuma."

"¿Te importa que fume?"

En los intercambios escolares entre Alemania y países hispanos, suele ocurrir que los alemanes se quejan de que sus "madres" de acogida les obligan a comer mucho y los hispanos se ofenden porque opinan que sus familias de acogida les matan de hambre. ¿Por qué ocurre esto? Cuando nos ofrecen comida o bebida frecuentemente decimos que no con la boca pequeña (*halbherziges nein*). Es un "no" de cortesía, para no parecer ansiosos, hambrientos, gorrones, pobretones que no tienen nada que comer en casa, maleducados que hacen trabajar a los demás para nosotros como si fueran camareros preparándonos té, café, etc. Pero sabemos que van a insistir y podremos decir que sí a la tercera o cuarta. Con una persona alemana o inglesa eso no funciona. No insisten, así que si dices que no, te quedas toda la tarde sin comer.

Cuando realmente no queremos lo que nos ofrecen no decimos "no" a secas, sino que lo explicamos: "No, muchas gracias, pero es que estoy mal del estómago/ he tomado un aperitivo, qué rabia, cómo lo siento, si lo llego a saber/ no estoy acostumbrado a comer tanto a estas horas pero tiene una pinta buenísima..." La explicación debe dejar claro cuánto sentimos no aceptar la oferta, y que el rechazo no tiene nada que ver con que no esté bueno lo que nos ofrecen, porque la oferta es muy tentadora, amable, estamos agradecidísimos etc.

Hace años unos amigos alemanes fueron a pasar unas semanas en casa de Ana, su amiga española. Ella se mataba de risa contándome cómo repetían siempre sin hacerse de rogar ni una vez, ante el asombro de todos, que pensaban: ¿A estos no les dan de comer en casa?

> **Los turcos también**
>
> *Los alemanes y los turcos interpretan de manera diferente la palabra "no". Los alemanes quieren decir "no", cuando dicen "no". Los turcos quieren decir "no" y dicen "ya veremos", "quizá", "tengo mucho que hacer", "mis padres vienen el fin de semana" o " ya te llamaré." Para Julia es más fácil. Ella no necesita excusas.* (Trad. de la A.)
>
> En: Hatice Akyün, *Einmal Hans mit scharfer Soße*

Hay una novela que describe esto mismo en Italia. Jan Weiler cuenta en *"María, ihm schmeckt's nicht!"* (¡María! ¡No le gusta!) cómo nunca consigue que la abuela italiana de su mujer no le haga comer muchísimo. Cada vez que él rechaza algún ofrecimiento, la abuela dice *"María, ihm schmeckt's nicht!"*, frase que hace temblar al protagonista. Los nietos de *Nonna* Ana se ríen: si la abuela no te tuviera a ti tendría que comprarse un cerdo que cebar. Y él observa desesperado cómo los demás consiguen, con un simple gesto de la mano, que la abuela no insista, pero él siempre pierde. Es muy divertido analizar sus estrategias fallidas y las exitosas de los italianos, cosa que él observa entre perplejo y desesperado.

¿Quieres tomar algo?

No, gracias, guapa. No te molestes.

No me cuesta nada hacer un café. Tengo unas pastas buenísimas que me han traido de Asturias. ¿No quieres probarlas?

Bueno, si los demás van a tomar también ...Gracias

Por un lado él, como huésped y extranjero, es objeto de una insistencia mucho mayor. Por otro, sus intentos están llenos de inseguridad, los de sus parientes italianos de firmeza.

I.a.2. No, sin decir la palabra no

Cuando nos piden algo en español es muy difícil negarse a hacer un favor. Somos países más colectivistas que Alemania. En las sociedades colectivistas la prioridad es no romper la armonía. Cada uno se ve como parte de un "nosotros", mientras que en la sociedades individualistas la prioridad es que el individuo se autorrealice, tenga unas metas y las alcance. Por eso la palabra "no" casi nunca aparece en boca de un hispano que responde a una petición. Pese a ello nuestros compatriotas saben interpretarlo correctamente. Los alemanes, en cambio, frecuentemente no descifran nuestro mensaje. Esto tiene consecuencias también en el modo de pedir favores: como dicen algunos informantes, nosotros lo hacemos de manera indirecta, dando rodeos, porque no se debe poner a la otra persona en la difícil situación de decir que no. De modo que, indirectamente, se hace saber qué necesidad tenemos y si la otra persona quiere ofrecerá su ayuda.

I.a.3. Sí puede ser no

En los libros de español que se basan en estudios de campo para reflejar el lenguaje tal y como se usa podemos ver que cuando se pide permiso la respuesta suele ser triple.
Ej. :¿Puedo abrir la ventana?
Sí, sí, claro.   Sí, abre, abre.   Sí, claro, abre. etc.
Si alguien responde sólo "sí" yo no abriría la ventana. Tendré que calibrar el tono, el gesto, la situación, la relación que tengo con esa persona, su carácter... para decidir si eso significa que sí o que no.

Hasta hace poco era muy difícil decirle a alguien que no puede fumar en España. Para mí aún lo es. Aunque nunca he fumado tengo ceniceros en mi casa para los invitados y no soy capaz de responder con un "no" a la pregunta ¿Puedo fumar? A muchos aún nos suena muy antipático aunque nos moleste el humo. Y aún muchos hispanos no tienen la delicadeza de salir al balcón a fumar, como los alemanes. La cortesía positiva también tiene desventajas: los alemanes suelen respetar los límites de los otros y no invaden nuestro espacio con su humo.

Muchos alemanes se quejan también de que un carpintero, una secretaria, o cualquier otro hispano, les han dicho que harán algo, que algo es posible, y luego resulta que la puerta no está cuando prometieron, la carta no llega, o lo que pidieron no era posible. Un nativo entiende, por el tono, el énfasis, la insistencia, si era un "sí" firme, o sólo de cortesía. No lo toma como una promesa. Elfie Donelly lo explica muy bien, y también Jens Sobisch, en sus respectivos libros sobre Mallorca o Cuba.

Un "no" es brusco y descortés

Por cierto, es un esfuerzo vano pedir a un mallorquín que, en lugar de una vaga aceptación con la boca pequeña, mejor te diga claramente que no. El "No" difícilmente atraviesa los labios del isleño, persona educada que sabe comportarse, porque un "No" es brusco y descortés. ¿Qué necesidad hay de desairar alguien si un "sí" provoca como por encantamiento una amigable sonrisa? Quien esté familiarizado con el concepto asiático de Iluminación, encontrará en el obrero mallorquín un maestro Zen. Tratar de entender lo que le pasa por la cabeza a un carpintero mallorquín es un Zen-koan, una pregunta sin respuesta, que en el mejor de los casos te llevará a un estado de iluminación tras años de contemplación. Porque puede ocurrir que esperes meses o años la prometida entrega de una puerta.

(Trad. de la A.)

En : Elfie Donelly
Gebrauchsanweisung für Mallorca

b. Protestar y criticar

Martin Dahms, en su artículo "Mis adorables vecinos", cuenta su sorpresa ante la reacción de Luisa un día en que él esperaba una bronca. Había organizado una fiesta en su piso sin avisar antes, cosa que en Alemania suele atraer la ira furibunda de tus vecinos. De ahí su asombro cuando al día siguiente su vecina, al encontrarse por la escalera, le dijo sonriendo con picardía: "Ya hemos visto que eres un chico muy alegre." Manera indirecta y simpática de decir: "El ruido que hicisteis ayer se oyó en toda la escalera."

> ¿Quieres un poco de roscón?
>
> No, gracias, tiene una pinta buenísima pero he comido tarde
>
> Un trocito, para que te toque el premio. ¡Venga, que Reyes sólo es un día!
>
> Bueno, un trocito pequeño. Vale, gracias.

Frecuentemente mencionan los informantes su impresión de que no se critica ni protesta, o se hace menos, o de otra manera. Lo importante es quedar bien (colectivismo) es decir, no ofender a la otra persona, no romper su imagen de sí mismo, no ponerle en evidencia o en ridículo, no hacerle sentirse rechazado. Y no quedar nosotros como personas antipáticas. Algunos alemanes dicen que han aprendido a ser menos directos en España. Sin embargo los hispanoamericanos que viven allí dicen que los españoles son muy directos. En relación a ellos somos individualistas, pero comparados con los alemanes somos colectivistas.

Los hispanos en Alemania (también los españoles, individualistas, pero menos que los alemanes) tienen frecuentemente la sensación de encontrarse entre gente malhumorada, quejica, amargada, antipática, protestona. Pero algunos también perciben que, gracias a esa vigilancia mutua permanente, casi policial, muchas cosas funcionan mejor que en sus países. Cuando les pregunto por qué esto es así, bastantes alemanes lo justifican como justifican casi todo: la razón es Hitler. Como no fueron críticos entonces ahora se sienten obligados a serlo más que nadie,

¿Puedo alojarme en tu casa?

María es de Madrid pero vive en Alemania. Tiene un piso en Madrid, herencia de su madre, lleno de recuerdos familiares. De vez en cuando conocidos alemanes le dicen que les gustaría alojarse en su piso. Ella se enfada mucho. ¡Qué cara más dura tienen! En esta ocasión se lo ha pedido alguien adinerado que puede pagarse un hotel perfectamente. Como dicen muchos alemanes, para los españoles "his home is his castle". Somos muy abiertos, pero nuestra casa es algo más íntimo que la casa de un alemán, y no invitamos fácilmente a la gente.

Ella les ha dicho "Es que está desordenado." "Es que están las camas sin hacer." "Es que está lleno de fotos y cosas personales." Para nosotros un "es que.." equivale a un "no", pero los alemanes no lo entienden si la palabra "no" no aparece. Por eso para todo tenían respuesta: "No nos molesta. No lo vamos a mirar. Ya haremos las camas." Creen que es una objeción que espera ser solucionada, y, en caso de serlo, el camino está libre.

El piso está desordenado y ella quiere ir en agosto a ordenarlo, aunque se ha roto la pierna, sólo para guardar las cosas personales antes de que lleguen las visitas. Su hijo también quiere ir unos días en septiembre, lo que habría sido la excusa ideal para decir que no.

María pasa semanas quejándose de la cara que tienen y lo gorrones que son. Aunque vive desde hace más de 40 años en Alemania, y su marido e hijos son alemanes, hay muchas cosas que aún encuentra muy maleducadas. El matrimonio le ofreció alquilar el piso. Pero ¡cómo les va a cobrar a unos conocidos! Eso es imposible. Por supuesto no lo aceptó. Es curioso ver reacciones parecidas entre turcos que se sienten igualmente ofendidos ante un amigo que quiere pagar un favor.

a ver la trampa tras de todo, a desconfiar, a *hinterfragen*, a ponerlo todo en cuestión. Lo cual está muy bien cuando se hace desde el conocimiento profundo de las cosas, la reflexión, el pensamiento complejo y matizado, la capacidad de observación y el sentido común. El problema es que quienes carecen de estas capacidades o hábitos también se unen al deporte nacional: la crítica. Y es que cada cultura sigue una bella partitura, un sistema de valores, pero frecuentemente no vemos su belleza porque quienes la tocan son instrumentos desafinados.

De antemano es fácil adivinar qué estudiantes van a volver de España fascinados por la experiencia y cuáles van a sufrir un choque cultural. Los que son extrovertidos, alegres, sonrientes y entusiastas van a ser acogidos con los brazos abiertos. Pero cuando me dice que se va a España uno de esos que parece que se ha tragado un palo y ha desayunado dos litros de vinagre (los gestos avinagrados que se ven por aquí nos resultan casi inimaginables) pienso "¡Ay!" Y no falla. Lo que cuentan al volver coincide exactamente con mis expectativas.

Algo que me sorprende y me entristece ya desde mi primer mes en Alemania es encontrarme por todas partes con alemanes de todas las edades que me dicen "¿Qué haces aquí? Los alemanes son insoportables. Yo en cuanto pueda me voy a España." Me gustaría que descubrieran también las virtudes de sus compatriotas y no vieran sólo sus defectos. Por mucho que echemos de menos la sonrisa en muchos alemanes, en ocasiones echo de menos su claridad cuando algunos hispanos, por más que vean que estás descontento, insatisfecho o enfadado, hacen todo lo posible para que no lo digas. Hay que pasar página, piensan los hispanos. Pero a eso los alemanes, con gran desagrado, lo llaman "barrer la porquería bajo la alfombra." A veces los hispanos inventan mil absurdas maneras indirectas de hablar de las cosas, algo que no hace sino complicar más el conflicto. Muchas amistades hispanas no resisten la prueba del algodón: o se pasa página, sabiendo que la conducta insufrible se va a repetir una y mil veces pues nada se ha aclarado, o, si se expresa claramente el descontento, la amistad se debilita y acaba por romperse. En cambio muchos alemanes, si intuyen que algo que han hecho te disgusta, se indignan si no se lo dices. Y como son un pueblo metódico tampoco en este punto suelen actuar instintivamente, como nosotros, sino guiados por un manual. Sus respuestas son de libro. Casi todos tienen muy claro cómo deberían formular las críticas: no se debe hacer valoraciones sobre la persona, sino sólo describir los hechos y cómo nos hacen sentirnos. Si su compañero de piso nunca friega los platos, me dice una estudiante, no se debe decir: "Eres un guarro y un vago" sino "Si actúas así me haces sentirme como tu asistenta". Los españoles tardamos en criticar pero cuando lo hacemos estamos tan enfadados que solemos elegir la primera variante.

1. c. Insultar.

En Alemania se oyen pocos insultos. Incluso los gestos insultantes están prohibidos: el conductor que hace un gesto de destornillador con el dedo en la sien, indicando que otro conductor no está bien de la cabeza, puede ser multado. Para los españoles esto es muy gracioso porque ese gesto resulta de lo más inofensivo. Hay otros gestos y palabras mucho peores. Ayer, en un programa de radio, una señora indignada con un político llamó por teléfono y soltó varios tacos. Los tertulianos se rieron y el moderador dijo: "Diga que sí señora. Que ir al psicólogo sale muy caro y así se desahoga usted gratis." La prioridad alemana no es expresar emociones sino marcar límites, analizar, aclarar, evitar el desbordamiento emocional.

La vida pública española rebosa de insultos. Los alemanes lo achacarían a nuestro temperamento. Recuerdo que tras el 11-M una comentarista alemana de Euro News retransmitía las imágenes de la gente congregada ante la sede del PP:
- Gritan "asesinos, asesinos." Se refieren, naturalmente, a los terroristas. – decía.

En su cabeza alemana no cabía la posibilidad de que los insultos fueran dirigidos a los políticos del PP y por ello no entendió en absoluto lo que estaba retransmitiendo. Los gritos de "Pujol, enano, habla castellano", años antes en el mismo lugar, seguramente tampoco los habría comprendido. El grado de acritud de la confrontación política en España, en Alemania sería imposible. Y lejos de escandalizarse, los españoles frecuentemente lo encuentran muy divertido si es ingenioso.

También el lenguaje violento (¡Te mato!, ¡te voy a dar un tortazo!) frecuentemente usado en tono humorístico, y la blasfemia, son expresiones contundentes que, para los alemanes mostrarían nuestro temperamento, nuestra necesidad de expresar emociones. Los equivalentes a estas expresiones y a otras como "Me cago en D___/la ___" en alemán no se escuchan nunca y en el último caso resultan prácticamente intraducibles. Nuestra tradición anticlerical no existe en Alemania. Me sorprende oír en televisión a gente que en una conversación no religiosa habla de "*Der liebe Gott*", el querido Dios. En España eso sonaría raro.

Curiosamente muestras de lenguaje cariñosamente violento muy parecidas se encuentran en los relatos sobre la vida de familias turcas en Alemania, como el de Hatice Akyun: por ejemplo si hablan mucho en alemán la madre les dice "Ojalá os piquen avispas en la lengua."

Se suelen analizar las culturas en función de los ámbitos tabú que rompen los tacos más frecuentes. En España los rompemos todos: el religioso, el fecal y el sexual. Añadimos uno más: el familiar. Insultar a la familia es para nosotros, como para los turcos, lo peor. Los alemanes contestan a un insulto diciendo: "*Selber idiot*" (Idiota tú). Nosotros decimos: "idiota tu madre." El ámbito que más rompen los alemanes es el fecal, con la palabra "mierda", en alemán mucho más malsonante que en español. Eso, dicen quienes analizan culturas (Gelfert), desde un punto de vista freudiano indica una obsesión por el orden y la limpieza.

2. Cortesía positiva/ negativa

La mayoría de los observaciones de diferencias tienen que ver con estos dos tipos de cortesía, y con el hecho de que la cultura hispana tiende a la feminidad, la alemana a la masculinidad. Sería interesante observar si existe una correlación entre la cortesía positiva y la feminidad, ya que es característico de las culturas femeninas dar importancia a las relaciones cálidas. Es conveniente recordar que, además de los rasgos que Hofstede señala como propios de las culturas masculinas y femeninas, hay estudios psicológicos sobre la diferencias entre hombres y mujeres. Esto nos permite identificar como masculinos o femeninos rasgos no mencionados por Hofstede, como vimos en la actividad de las pgs. 72 y 73 . El 100% de las personas que han hecho el test coinciden en afirmar que el bloque 1 describe a los hombres y a los alemanes, el bloque 2 a las mujeres y los españoles.

Como ya se ha mencionado, hay estudios sobre las razones históricas de la masculinidad de la sociedad alemana. Debo decir que esa masculinidad para mí fue evidente desde el primer día en que llegué a Alemania, mucho antes de conocer los estudios de Hofstede o de Norbert Elías.

Frecuentemente los hispanos tienen la sensación de que los alemanes van por la vida rodeados de una barrera invisible pero muy percep-

> **Ich will wissen woran ich bin. Con los alemanes sabes a qué atenerte.**
>
> Hablando de estas cosas con un amigo inglés muy crítico con sus compatriotas, estuvo de acuerdo. Lo veía desde una perspectiva muy positiva para los alemanes. Había sido capitán de yate en las islas griegas, donde su empresa ofrecía cursos de vela a turistas ingleses y alemanes. Si a los ingleses les faltaban ganchos para sujetar las velas no decían nada. A la pregunta „¿Está todo bien?" respondían invariablemente: „*Yes, lovely, thank you*" con sonrisa de oreja a oreja. Pero luego la vela se desgarraba porque estaba mal sujeta y ellos se lavaban las manos.
>
> Los alemanes llegaban el primer día con su típica mirada borrascosa, (así la describen los ingleses, Barkow y Zeidenit, que escriben sobre Alemania):
> -Se necesitan doce ganchos y sólo nos han dado ocho. ☹
>
> Ante lo cual él sonreía y les daba los cuatro restantes. Entonces el alemán, todo contento, se marchaba con sus ganchos, lo pasaba en grande y de vuelta en Alemania recomendaba el viaje a todo el mundo. En cambio el inglés volvía a Inglaterra hablando pestes de la empresa y las vacaciones. Es un argumento común entre los germanófilos: con los alemanes siempre sabes a qué atenerte.

tible. Así como cierran las puertas de sus cuartos y rodean sus casas de setos, hablan continuamente de sus "*Grenzen*" en muchos sentidos, de unas barreras que hay que respetar. Ese tipo de frases son difícilmente traducibles al español, ya que somos poco conscientes de esos límites y fronteras personales. En español no solemos hablar de nuestros límites en ese sentido de algo que los demás no deben traspasar. Se suele ver como antipático hacerlo. Cuando hablo español muchas veces echo de menos poder expresar con tanta claridad metafórica algo tan importante. Pero otras veces las barreras alemanas resultan como una bofetada. Hacer valoraciones generales de culturas es complicado. Casi todo depende de la situación, la aplicación, el modo de aplicarlo.

Teniendo en cuenta lo leído hasta ahora y experiencias personales quizá ¿qué cosas podríamos incluir como barreras alemanas desde un punto de vista hispano? Completa el mind-mapping.

1. Uso del usted

2. No invitar automáticamente a todos ni incluirlos en planes.

GRENZEN

LÍMITES

2.a. Separación entre la cara pública y la privada

Esta estricta separación es una de las constantes que hay que tener en cuenta a la hora de entender el código cultural alemán. La cortesía negativa alemana exige no invadir el espacio del otro. Para ello es necesario marcar muy claramente los límites en todos los sentidos. Inglaterra también es una cultura de cortesía negativa y quienes estudian sus códigos culturales ven también esta separación, mientras que a los estadounidenses, en cambio, de cortesía positiva, esto les resulta extraño. Sin embargo, pese a compartir la cortesía negativa, hay rasgos que los alemanes asignan a la cara privada de la vida y los ingleses no. Me refiero al humor.

2.a.1.Humor

Algunos alemanes se enfadan cuando los ingleses dicen que no existe el humor alemán. Otros están de acuerdo. Lo cierto es que, según Kate Fox, los ingleses sienten que su humor es distinto al de casi todos los demás países europeos, excepto al español.

Aunque los alemanes tienen más dificultades para comprender juegos de palabras, la diferencia entre el humor inglés y el alemán no es tanto el tipo, sino la cantidad y función. Para los ingleses y españoles el humor se puede y se debe utilizar desde el primer momento en que se conoce a alguien. Sirve para romper el hielo, para facilitar el trato, para distanciarse de todo y no tomar nada demasiado en serio, para criticar suavemente como con un guiño y una sonrisa, para quitar hierro a situaciones difíciles, para ser simpático...Es decir, se usa desde el primer momento, también con desconocidos.

Sin duda los alemanes tienen excelentes humoristas y se ríen, claro, pero el humor es algo que no usan tanto ante personas desconocidas. Pertenece más bien a la esfera privada. Eso hace que quienes no provienen de una familia dotada con sentido del humor lo desconozcan casi por completo y tiendan a entender cualquier broma al pie de la letra. Para los ingleses el humor es omnipresente. Para los españoles también excepto en nuestro mundo académico, que es menos serio que el alemán pero no tan divertido como el inglés. Imitamos, por desgracia, la estricta separación alemana entre lo serio y lo divulgativo, que no existe de la misma manera en Inglaterra o E.E.U.U., donde son aficionados al *Infotainment*, a los

Tomar las bromas al pie de la letra

Por ejemplo, he contado a muchos alemanes este breve diálogo y coinciden en que ellos habrían reaccionado ante mis palabras alarmándose:
Una alemana me presentó a su novio inglés. Él, en inglés, me dijo que yo no parecía muy española. En tono y con gesto de broma (entonación que resulta más natural y posible en inglés y español, que en la menos variada curva entonativa y menos variada gama gestual alemanas) respondí en inglés: "Me parece que no nos vamos a llevar muy bien." Reaccionó como lo habría hecho un español o cualquier inglés. Se rio y dijo: "Bueno, ahora que te miro bien sí pareces española". Inmediatamente me di cuenta de que si hubiéramos hablado alemán, si él fuera alemán, ni él ni yo hubiéramos dicho eso. Hablar inglés, alemán o español automáticamente me empuja a un estilo conversacional distinto. Y todos los alemanes a los que he preguntado me han confirmado que no se habrían reído sino que habrían interpretado mi comentario al pie de la letra y, asustados, se habrían preguntado qué habían hecho para merecer semejante respuesta.

textos divulgativos en los que también cabe el humor. Muestra de ello es el libro de Kate Fox, una magistral disección antropológica de los ingleses, cuya lectura es un placer divertidísimo.

Este tema es complejo y podrían dedicarse a él páginas y páginas analizando los distintos tipos de humor usuales en una cultura, que no se comprenden en la otra. Por ejemplo el papel de los que los ingleses llaman "*banter*" (bromear, tomar el pelo en el flirteo) como forma de indicarle a una chica que te gusta. O el papel de la ironía y un largo etcétera de apasionantes diferencias.

Como muestra el texto de Jens Sobisch, tanto en España, como en Cuba y en el resto del mundo hispanohablante, son frecuentes los juegos de palabras. Hay que leer entre líneas y tener cuidado con lo que se dice, porque los demás le van a sacar punta y buscar un motivo para reírse. La risa es algo de lo que los hispanos nunca tenemos suficiente. De modo que en el humor también se aprecia la diferencia entre las culturas de contexto fuerte, acostumbradas a interpretar, y las individualistas de contexto débil, que esperan que el mensaje se transmita explícitamente.

Como muestra el anuncio, los españoles no esperan humor de los alemanes, para lo bueno y para lo malo. Recuerdo la reacción de un empleado de mi banco en Madrid cuando le dije que venía a vivir a Alemania: "Haces bien" dijo. "¿Tu crees? ¿Por qué?" pregunté. "Porque ese es un país serio." Fue su tajante y convencida respuesta.

2.a.2. Tuteo

Quizá lo que más evidencia la "doble cara" (la separación entre la cara pública y la privada) alemana es el hecho de que para la mayor parte del mundo un alemán es Herr Schmidt y sólo para una pequeña porción de ese mundo es Ullrich o Ulli. Hasta los ingleses se asombran de que los alemanes puedan ser colegas durante 20 años y seguir tratándose de usted. Para mí el tratamiento tan formal (Frau Pérez) fue una de las mayores torturas durante los primeros años. En España uno es Manolo en todas partes. Aquí uno siente una cierta esquizofrenia obligada, como si te forzaran a ser alguien que no eres, una Frau Pérez circunspecta, estirada y formal. *Zugeknöpft*. Alguien que no quieres ser. Recuerdo aún mi tristeza cuando murió inesperadamente el técnico de nuestro laboratorio de idiomas, el sr. Schulz. Me impresionó darme cuenta de que yo no sabía cómo se llamaba. Al hacer su esquela descubrí que se llamaba Wolfhart. Fuera del trabajo no tenía prácticamente amigos ni parientes. Pasaba en la universi-dad

---

Una "Señora" ya está con un pie en la tumba

Otra agradabilísima costumbre española es llamar a todo el mundo por su nombre. Muy democrática. Yo soy simplemente Andrea. Sólo a los médicos se les llama por su título o a un político por su apellido y, claro, a los reyes.

Este señor es el único español, por cierto, que me llama "doña Andrea". No sé muy bien cómo debo valorarlo, porque una mujer de veintimuchos años me dijo que se pone de muy mal humor cuando le llaman "Señora", porque una señora ya está con un pie en la tumba. Por eso imagino que si se dirigen a ti con el dignísimo "doña", ya es como para pegarse un tiro.

(Trad. de la A.)
En: Andrea Parr, *Das kommt mir spanisch vor*

sus vacaciones y se quedaba hasta muy tarde por la noche. No había nadie para quien él fuera Wolfhart. Me pareció desoladoramente triste.

Incluso he visto, también en televisión (no soy *voyeur*) hombres y mujeres que, en la cama, tras tener relaciones sexuales, se llaman de usted. Frente a eso el tú casi único en España demuestra nuestra necesidad de tener relaciones casi familiares con todo el mundo. Hasta en el banco o el médico me llaman por mi nombre y muchos apenas soportamos una conversación de más de 5 minutos con alguien al que tratamos de usted. La distancia nos resulta insufrible. Cuando se dirigen a nosotros con el "usted" o "señora", muchos se deprimen. Nos hace sentirnos viejos.

Claro que eso no es así en todo el mundo hispanohablante. En Colombia por ejemplo llaman de tú a los desconocidos en la calle y de usted a la familia, porque tiene un valor afectivo, cariñoso. En el resto de Hispanoamérica no son tan locos como en Colombia, pero usan más el usted que en España.

> **La conversación española es como jugar al squash con 40 pelotas.**
>
> *Entonces suena un móvil y nuestra discusión se transmite en otro espacio con otro participante desconocido que sólo quería saber dónde es más barata una operación de cadera, pero le cuentan que la última operación del perro salió más cara que la de apendicitis de la sobrina de no sé quién, y todos tienen algo que decir porque todos tienen algún problema de salud, (...) y con ello llegamos al tema de la sanidad, qué catástrofe, y el estúpido ministro y la que ha montado la Consejera de Sanidad más boba que nunca se ha visto (...)*
>
> *Debo decir que estas conversaciones tienen lugar con frecuencia antes del desayuno. Y los miembros de "la tertulia indiscreta" no somos viejos amigos a los que les bastan pocas palabras (sino más bien muchas) para entenderse, sino un ramillete de lo más dispar de extraños que se conocen desde hace poco. (Se encuentran en el parque mientras pasean a sus perros, en Madrid)*
>
> *Claro que hay días más aburridos, sobre todo en invierno, en los que la conversación no es tan vivaz sino quizá más lenta y en voz más baja, pero siempre caótica y muy personal.*
>
> (Trad. de la A.)
> En: Andrea Parr, *Das kommt mir spanisch vor*

2.a.3. Temas de conversación

Los informantes observan bien cuando dicen que los alemanes hablan más de temas impersonales, política etc. y menos de los personales, sobre todo de la familia. Hasta hablar de los hermanos, aunque sólo sea de cuántos tienes, también es muy personal. Esto es así sólo con los que no pertenecen al círculo íntimo,

> *Es frecuente que muchos hispanos tengan una mala opinión de los alemanes al principio de su estancia, opinión que luego mejora. ¿Cómo puede explicarse esto teniendo en cuenta que en Alemania existe una fuerte separación entre la cara pública y la privada que en los países hispanos no hay?*

es decir, en la cara pública, hecho en el que no llegan a reparar muchos de los extranjeros que vienen a Alemania, puesto que muchos no llegan a ver nunca la cara privada. Nosotros, al contrario, tendemos a hablar más de lo personal con desconocidos y conocidos, no sólo con los amigos, como es propio de la cortesía positiva, que busca construir puentes de calidez, de cercanía con el otro, más que preocuparse por no invadir su espacio. De ahí la irritación que produce a los hispanos trabajar con gente de la que ni siquiera saben cuántos hermanos tienen y que no muestran ningún interés por ellos como personas, por saber de su familia, de sus sentimientos etc. Por esa distancia entre la cara privada y la pública muchos hispanos dicen que su opinión sobre la frialdad de los alemanes cambió cuando empezaron tener un trato más privado con amigos. Otros dicen que sí, los alemanes son fríos, todos menos sus amigos.

Sin embargo, una profesora española que trabaja en Alemania, dijo, cuando me escuchó esto en una conferencia: "Pues los alemanes invaden mucho más mi intimidad porque ¡preguntan unas cosas! ¡Preguntan cuántos años tengo, o cuánto pago de alquiler por mi piso!"

Esto ilustra cómo el desarrollo de la competencia intercultural necesita mucho tiempo porque debe reflejar una red compleja de reglas que se entrecruzan. Si no tenemos tiempo de analizar cada asunto en detalle muchos aspectos se malinterpretan. Para los alemanes esos dos puntos que molestaban a la española no son íntimos. La prueba es que las revistas alemanas colocan automáticamente la edad de cada persona junto a su nombre, venga o no a cuento. Una señora mejicana que estaba aquí visitando a su hija se horrorizaba cuando hojeaba revistas: veía una entrevista en la que, junto a la foto de la actriz, se leía "Iris Berben (60)" Y la señora no cesaba en exclamaciones: ¡pobre mujer! ¿cómo pueden hacerle esto? ¡Qué crueldad! ¡Qué grosería! Por cierto, ninguno de nosotros sabe cuántos años tiene nuestra amiga mejicana, la hija de esta señora, aunque hemos estado en sus fiestas de cumpleaños.

Esto se relaciona con una obsesión alemana por cuantificarlo todo, relacionada, quizá, con el control de la incertidumbre (*Unsicherheitsvermeidung*) otra de las dimensiones de Hofstede. Cuando llevamos a un alemán a visitar pueblos de España, lo primero que invariablemente pregunta es: ¿cuántos habitantes tiene? Ante lo cual la novia española frecuentemente se irrita. No tiene ni idea y refunfuña medio en broma medio en serio: "¡Hay que ver qué preguntón es este chico! ¡Pregúntaselo a tu profesora!" Si miramos una guía de viajes alemana veremos que automáticamente junto al nombre de cada población aparece un dato: Göttingen (120.000.) En las guías hispanas no aparece esa información en ninguna parte del texto. Frecuentemente la gente que vive allí tampoco sabe exactamente cuántos habitantes tiene su ciudad. El censo oficial no suele reflejar la realidad. Los profesores hispanos que llevan tiempo enseñando en Alemania podrían seguramente aportar muchos otros ejemplos para ilustrar esto. Cuando hablamos en clase de cualquier tema, como el Camino de Santiago, en seguida se alza una mano de alguien que pregunta: ¿cuántos kilómetros hay? Nuestra respuesta (depende de dónde empieces, casi nadie comienza en el mismo punto, y además hay varios caminos, el de la costa, el del interior, el francés...) no le resulta satisfactoria e insiste: sí, pero cuántos kilómetros.

Es curioso cómo frecuentemente los alemanes observan que dentro de la familia se evita hablar de determinados asuntos, se hacen muchas cosas a escondidas, sin que lo sepan los padres, por ejemplo. O los problemas no se exponen abiertamente. Estas observaciones se pueden recoger por parte de alemanes que informan tanto sobre España como sobre Hispanoamérica.

2.b. Mostrar condolencia o interés por las preocupaciones o problemas de otros.

Este conflicto también deriva de nuestros códigos distintos, en este caso de la cortesía positiva y negativa, del conflicto entre mostrar calidez o respetar la privacidad del otro, de la prioridad de la cercanía psicológica o de la distancia. Influyen muchos factores y, sobre todo, las personas con las que a uno le toque convivir, pero los grados mayores de rechazo a la cultura alemana los he medido en una argentina que lleva 12 años viviendo aquí. Ella no puede entender cosas que vive respecto a su propia familia política alemana o sus vecinos. Tuvo que ser ella quien llevara a su vecina al aeropuerto (500 kilómetros de ida y 500 de vuelta) cuando ésta quería ir a ver a su hermana que estaba muy enferma. Ninguno de los hijos de su vecina tenía tiempo. Este tipo de conductas entre la gente de su entorno unidas a la frialdad de su propio marido hacia su madre cuando ésta se puso enferma y finalmente murió, hacen que tenga un juicio muy duro de la sociedad alemana.

Un amigo madrileño que se quejaba de que nadie le preguntó por su familia cuando se produjo el atentado del 11-M, fundaba su juicio negativo (estudió y trabajó aquí 6 años) sobre todo en la despreocupación que sentía entre sus compañeros de piso, que nunca preguntaban ni se interesaban por él, o en que, cuando estuvo enferma su novia, su familia y amigos no tuvieron tiempo para ir a verla al hospital etc., etc.

Este tipo de comentarios los he escuchado también por parte de estudiantes de otras culturas (turcos, argelinos, sirios, brasileños etc.) que formulan las mismas quejas que los hispanos ante lo que igualmente interpretan como egoísmo o indiferencia alemana.

Un español crítico con su cultura me comentó indignado que en España se invade a la gente de manera brutal y contó el caso de una señora en Barcelona que tenía cáncer y a la que todo el mundo bombardeaba a preguntas aunque ella no quería hablar del tema. Frente a eso una alemana igualmente crítica con su cultura se quejaba de una conocida que se había aislado por completo porque tenía cáncer, en lugar de buscar ayuda y compañía. Le parecía poco humana la manera de ser de sus compatriotas y mejor la de los extranjeros. Como dice el refrán: la virtud está en el término medio.

2.c. Estilo conversacional estructurado frente a estilo sin objetivo claro y con interrupciones.

Recordemos lo que trabajamos en los ejercicios post-lectura de este capítulo. Según quienes estudian la psicología masculina y femenina, el estilo conversacional de los hombres tiende a no interrumpirse al hablar. Si lo hacen eso indica que quieren ser agresivos. Suelen hablar con un objetivo, no les gusta la conversación desestructurada. Dicen directamente lo que piensan, sus frases son cortas, directas, se concentran en lo esencial y se orientan a problemas concretos. Es frecuente en las familias, o lo era cuando no todo el mundo tenía un teléfono móvil, que el padre se enfade con las hijas porque hablan mucho por teléfono y se queje diciendo que el teléfono está para decir algo concreto y punto, no para estar horas y horas de charla. El estilo femenino en cambio se caracteriza por hablar de diversos temas al tiempo, como un malabarista maneja varias pelotas. Pueden hablar y escuchar al mismo tiempo, por eso hablan todas a la vez. Son indirectas para evitar conflictos y afirmar relaciones. Les gusta hablar por el placer de hablar, de establecer contacto, cercanía.

Recordemos también que Hofstede, aunque no analiza estilos conversacionales, sí identifica como propio de las sociedades femeninas la importancia de la calidez en las relaciones. No es por tanto sorprendente que Gran Bretaña y Alemania, ambas culturas de cortesía negativa con gran separación entre lo público y lo privado, ocupen, con 66 puntos ambas, los puestos 9/ 10 de 53 en la escala de masculinidad. (España, puesto 37/ 38 compartido con Perú, 42 puntos)

Es fácil relacionar estas diferencias con las observaciones de los informantes alemanes sobre la conversación desestructurada de los hispanos, que (estilo femenino) no hablan siempre para llegar a un fin, para discutir un tema, llegar a un acuerdo, tomar una decisión, sino para evitar el silencio, crear cercanía, mantener el contacto, reír... Por eso no paran de formular preguntas y hacer comentarios que no esperan respuesta cuando conducen, o comentan todo lo que ven en televisión o hablan todos al mismo tiempo de múltiples temas que se interrumpen para pasar a otros... Por eso a un hombre de negocios español le resulta desagradable que el hombre de negocios alemán vaya directamente al grano, al negocio, sin dignarse mostrar el menor interés por su interlocutor como persona, sin hablar de nada personal, gustos, familia etc. Esa estricta separación de la cara privada y la pública del hombre de negocios alemán exige una conversación escueta y estructurada, dirigida al único tema que les une. Tal actitud es para el hispano sinónimo de frialdad y desinterés por el otro, es una actitud antipática. No se suele confiar en alguien que se comporta así. En cambio para el alemán esa es señal de seriedad. Es precisamente esa forma de actuar, que despierta la desconfianza del hispano, la que él considera digna de confianza. Porque, según el código alemán, no se construye la confianza a través de la simpatía, del tono amistoso y cercano, sino mostrando conocimientos, rigor y corrección.

Algo que también llama inmediatamente la atención de los alemanes es el modo en que nos interrumpimos. Si escuchan una tertulia televisiva se mueren de risa al ver que todos hablan a la vez. No entienden nada pero les resulta divertido y muy típicamente español el tono vehemente de las voces, el volumen, la gesticulación... Lo interpretan como una señal de nuestro temperamento. No conocen las diferencias entre la cortesía positiva y la negativa, la necesidad de evitar el silencio etc. Las reglas según las que se reparte el turno de palabra son distintas. En Alemania uno sabe que puede hablar cuando el otro se calla. Esa es la señal que establece la alternancia de turno. Especialmente los hombres siguen esto más al pie de la letra, lo que trae consigo que cuando una hispana sale con un alemán, frecuentemente pasa el tiempo y no sabe nada de él. Ella habla y habla esperando una interrupción, sorprendida porque el chico no dice nada. Mientras él espera que se haga el silencio para tomar la palabra. Como entre los hispanos es normal evitar el silencio, no nos callamos hasta que el otro muestra que va a tomar el relevo, porque a eso se parece nuestra conversación, a una carrera de relevos. Sabemos que podemos tomar la palabra cuando el otro empieza a hablar de relleno, cuando se nota que ya no tiene nada que decir: "Bueno... Pues eso... que nada..." Metafóricamente hablando, cuando empieza a hablar sin decir nada, simplemente repitiendo lo dicho con desgana, es como si alargara el brazo para pasarnos el palo, el relevo. Aunque debo admitir que muchos hispanos, más frecuentemente hispanas, interrumpen continuamente, también en medio de una historia, de tal modo que al día siguiente me doy cuenta de todas las historias o ideas que he empezado a exponer sin terminarlas. Antes no me molestaba.

> **¿No cumplen su palabra o se les pide demasiado pronto que se comprometan?**
>
> ### *Verbindlich oder unverbindlich?*
>
> *Mientras que las reuniones de trabajo en Alemania tienen normalmente como objetivo tomar una decisión, en España tienen la función de servir para el intercambio de opiniones y para proponer ideas. Prepararse concienzudamente antes sería, desde la perspectiva española, una pérdida de tiempo.*
>
> *Para los españoles los plazos, terminar algo un poco antes o un poco después, es menos importante que para los alemanes. Los españoles no quieren comprometerse definitivamente. Mejor dicho, en el momento en que los alemanes esperan de ellos un plazo firme y vinculante aún no saben cuándo podrían terminar. Por eso dan una fecha, desde su punto de vista orientativa, que los alemanes interpretan como un compromiso definitivo y vinculante.* (Trad. de la A.)
>
> En : Herbrich, Martin. *Interkulturelles Trainings-Manual für Spanien.*

No lo notaba. Ahora a veces me saca de mis casillas.

La conversación hispana es un espectáculo de fuegos artificiales, vivaz, sin dirección clara ni determinada. Se valora el ingenio, los juegos de palabras, los chistes y bromas de doble sentido... La conversación alemana tiende a ser de a dos, no tanto en grupo grande como la nuestra, sino en íntima *Zweisamkeit*, soledad de a dos, que da más tranquilidad, más facilidad para ordenar la conversación, dirigirla a la consecución de un fin, agotar exhaustivamente un tema. Se parece a un concierto de jazz. Esta metáfora la tomo prestada de la señora Carroll, antropóloga francesa que así describe las diferencias entre el estilo conversacional francés (fuegos artificiales) y el estadounidense (concierto de jazz). Francia ocupa en la clasificación de masculinidad el puesto 36, inmediatamente antes de España. Es pues también una sociedad femenina. Y la estadounidense masculina.

2.d. Fiabilidad de lo que se dice

Frecuentemente los alemanes se quejan de que no saben cuándo pueden creer lo que los hispanos dicen. El caso más mencionado es el del hispano que, al despedirse del alemán dice "Te llamo" y no llama. Una de las muchas palabras culturalmente marcadas del idioma alemán es *"verbindlich"*. Se usa continuamente. Tardé años en encontrar una traducción. Finalmente me decidí por "vinculante". Significa aproximadamente lo mismo, pero apenas se usa. Y ahí está la clave de este malentendido.

Se trata, en parte, de cortesía positiva, de mostrar a los demás siempre una cara jovial y acogedora que es, por decirlo en lenguaje informático, el *default mode*, la posición estándar, por defecto, un acto reflejo, no pensado, que forma parte del saludo como el "hola ¿qué tal?"

Uno casi no puede despedirse tras charlar sin hacer referencia a que se desea ver al otro pronto, a cuándo se volverán a ver. El hispano, acostumbrado a este ritual, no registra el "te llamo" con el carácter vinculante que le da un alemán. Lee entre líneas, según el tono, el énfasis, el grado de concreción, el estado de la relación etc. hasta qué punto esa frase hay que interpretarla como una cita vinculante o es nada más una despedida cortés. Y para nosotros eso no es hipócrita. Hipócrita es quien te sonríe radiantemente y te trata como si te apreciara mucho mientras a tus espaldas te pone verde. El hispano que no llama no tiene necesariamente una mala opinión de esa persona. Puede que le resulte aburrida, o que no tenga tiempo, pero lo más frecuente es que se olvide. Ese "te llamo" no sale de su boca como una mentira consciente, sino como un acto reflejo que forma parte del ritual de despedida, que debe ser una ceremonia cálida en las culturas de cortesía positiva, femeninas, co-

> **Lo que nos parece una mentira es un modo de evitar conflictos**
>
> *Ya se ha mencionado que los cubanos prefieren un lenguaje lleno de imágenes, muy expresivo. Hace una conversación más interesante y deja entrever la rica vida interior de quien lo usa. Presentar sucesos y circunstancias de manera breve, precisa y racional, como les gusta a muchos alemanes, es de persona seca, sin sangre en las venas.*
> *Esto explica la frecuente costumbre de embellecer lo que se cuenta, describirlo más subjetivamente de lo usual para nosotros. Lo que nos parece una mentira gordísima o una fanfarronada, en Cuba se ve como un medio aceptable de no enfrentar al interlocutor con la realidad objetiva. El mal humor y los conflictos se evitan con la ayuda de una alegre picardía. Así nadie queda mal.* (Trad. de la A.)
>
> En: Jens Sobisch, *Kulturschock Kuba*

lectivistas. La cultura alemana es de orientación a largo plazo y la hispana a corto plazo. El hispano va trazando su plan de acción sobre la marcha, el viernes decide qué le apetece hacer el viernes, de modo que no registra compromisos anteriores, ni le gusta comprometerse con demasiada antelación. Un colombiano me decía que él no sabe el domingo si el viernes le apetecerá ir al cine. Por eso quiere decidirlo el viernes al salir del trabajo y le molesta que los alemanes fijen la cita ya el domingo.

Casi todas las "reglas" culturales están relacionadas unas con otras, porque suelen responder a otras "reglas" más generales, e incluso a un valor fundamental de cada cultura, como muestra Kate Fox en su brillante análisis de la cultura inglesa. Por eso este aspecto de la fiabilidad tiene relación con el valor del silencio, que trataremos en el próximo apartado.

> **Expresiones de relleno para evitar el silencio entre cubanos**
>
> *Las expresiones de relleno, que no significan nada, sirven para relajar una conversación, para evitar los desagradables momentos de silencio. Sobre todo hay muchas expresiones vacías de contenido para expresar o fingir sorpresa. Esta es una pequeña selección: "¡No me digas!" (Was Du nicht sagst) "¿De verdad?" (Ist das wahr?) "¡Qué cosa más rara!" (Das ist ja 'n Ding!)*
>
> (Trad de la A.)
> En: Jens Sobisch, *Kulturschock Kuba.*

2.e. Interpretaciones del silencio

La necesidad de evitar el silencio entre los hispanos está relacionada con la, para los alemanes, poca fiabilidad de lo que se dice. A veces se habla por evitar el silencio embarazoso, por dar a los encuentros un aire natural, cálido, relajado. Kate Fox, antropóloga inglesa, describe en el libro citado cómo la motivación principal de la cultura inglesa es lo que ella llama el *social-disease*, la torpeza de los ingleses en el trato social, su incapacidad para actuar con naturalidad, para saber cómo comportarse, empezando por el saludo, con sus entrecortados intentos de alargar la mano y retirarla sin saber nunca qué es lo adecuado en cada situación. Ese no es en absoluto el problema de los hispanos, que besan a todo el mundo, y a todos les dicen "te llamo". Entre nosotros no suelen darse esas situaciones embarazosas, comunes entre ingleses y alemanes, en las que los interlocutores no saben de qué hablar ni cómo comportarse. Tratamos a todos como si fueran de la familia, e intentamos crear siempre un clima natural, relajado, confortable, sonriente, alegre y natural. Como no todos son de la familia, evidentemente no podemos cumplir todo lo que parecemos ofrecer. Pero nuestros paisanos lo saben. Ellos hacen lo mismo.

Frecuentemente los alemanes cuentan que los hispanos han interpretado su silencio como señal de que estaban tristes, enfadados, enfermos, de que algo andaba mal. En Alemania es relativamente frecuente que en una fiesta (o sea, una reunión, como dice una hispana a quien las fiestas alemanas le parecen poco festivas) se produzca silencio. Cuando se reúne un grupo de hispanohablantes todos hablamos a la vez. Sería casi imposible que se produjera un segundo de silencio. Cuando pasa, una vez en la vida, nos miramos todos extrañados y alguien dice: "Ha pasado un ángel", para romper la tensión del momento.

Los programas de televisión alemanes dedican mucho tiempo a un tipo de reportajes para nosotros casi desconocido, que podríamos llamar "reportajes sobre la vida cotidiana". Una vez se impusieron la tarea de medir cuánto tiempo pasaban en silencio las parejas alemanas de vacaciones en Mallorca. Sentados en la terraza de un bar los filmaban y medían el tiempo transcurrido. Muchas parejas dejaban pasar 30 minutos o más sin decir ni pío, hasta que el periodista interrumpía su estado contemplativo. Cuando el reportero se acercaba y les preguntaba por qué, se reían, se miraban amorosamente, y explicaban que no pasaba nada entre ellos, que el silencio era señal de la confianza que reinaba en la pareja. Recordemos lo visto en la lista de características del estilo conversacional masculino y femenino (actividades de post-lectura) y veremos exactamente esta diferente interpretación del silencio, que encaja en la dimensión de feminidad/masculinidad, y también en la de cortesía positiva y negativa. Nosotros salimos (y a veces hasta viajamos) para hablar. Ellos para mirar. Por eso no se apreciaba tensión en esas parejas: estaban mirando a la gente pasar y parecían entretenidos con el espectáculo. Una estudiante Erasmus española en Alemania dice que le pone nerviosa pasar por la calle principal y que quienes están sentados en terrazas la miren en lugar de hablar con un acompañante. A mí también me sorprende mucho. Para muchos españoles sería una vergüenza ser sorprendido sólo en una terraza.

2.f. Entonación, gestualidad, exageración

La curva entonativa del alemán es mucho más plana que la nuestra. Se juega menos con la entonación y el gesto para hacer que una misma frase pueda decir cosas muy distintas. Como es propio en la comunicación de contexto débil, normalmente se quiere decir estrictamente lo que expresan las palabras. Hasta tal punto que nuestra profesora de alemán en Madrid nos aconsejaba que no nos despidiéramos de un alemán diciendo "hasta luego" porque, de hacerlo, unas horas después nos lo encontraríamos en nuestra casa, de visita. El equivalente alemán ("*bis später*") sólo se usa cuando la gente se va a encontrar más tarde, mientras que para nosotros "hasta luego" se ha convertido en un sustituto de "adiós", porque "adiós" nos resulta muy frío, definitivo, impropio de la cortesía positiva. He vivido incluso situaciones en las que uno se despide de alguien a quien posiblemente no va a ver nunca más, y, sin embargo, dice "hasta luego". La ausencia de gesticulación es un rasgo que se puede interpretar como masculino, como vimos en las tablas extraídas de los libros de Alan y Bárbara Pease. Pero también quizá como propio de la cortesía negativa que teme molestar al otro con un volumen o una gesticulación excesivos.

En cuanto a la exageración, es normal en español decir que hacía mucho, mucho, mucho frío. Si en alemán digo "*es war sehr sehr sehr kalt*" mi amiga alemana levanta una ceja sorprendida y dice que eso no se dice. Ella diría *ganz kalt*, bastante. Si digo que ayer no vino nadie, según el contexto un español sabe qué quiero decir: había sólo 4 personas. Un alemán que sí vino ayer se enfada. ¿Cómo puedo decir que no vino nadie si él estuvo y yo le vi? Cuando nos saludamos es normal decir: "¡Hombreee! ¿qué es de tu vida? Hace siglos que no nos vemos" etc. etc. Es algo propio también de los italianos, como podemos ver en la novela de Jan Weiler: Antonio, su suegro italiano, siempre cuenta lo mismo (por ejemplo los kilómetros que ha recorrido su coche) dando cada vez una cifra distinta, cada vez más alta y siempre más alta que la real. Cuando el narrador lo cuenta, aclara al margen: (cifra de Antonio.)

Otro ejemplo interesante del modo alemán de "quitar hierro", de rebajar afirmaciones que en otras lenguas se hacen de manera más categórica y contundente, más semejante a puñetazos en la mesa, es la traducción de un título. Un famoso ensayo del filósofo francés Pascal Bruckner se titula, tanto en francés como en español "La tiranía de la penitencia". En alemán existe la palabra *Tyrannei* y la palabra *Buße* (penitencia). Sin embargo el título alemán es: "*Der Schuldkomplex.*" El complejo de culpa. Puro análisis psicológico sin valoraciones contundentes, ni palabras como puños. Esto ilustra el mismo aspecto reflejado en las muchas descripciones coincidentes sobre el modo hispano de discutir-boxear (y el francés: fuegos artificiales) pero también repetidas afirmaciones de hispanos a quienes les parece que los alemanes no tienen sangre en las venas.

Mi tono normal les preocupa

Antes mi mujer era breve, concisa, casi brusca al teléfono. Desde que vivimos en Italia da gritos de júbilo en un tono embelesado y 3 octavas más alto que el suyo cuando habla por el móvil. Como si entrenara la voz para un solo en el Ave María.(...)
"Ciao, Annnnnnnnnnna, come staiiiiiiii?", grita al teléfono como si la buena de Anna acabara de llegar milagrosamente sana de una expedición al Congo.
Como le tomo el pelo prueba a hablar con Anna en su tono normal la siguiente vez. El resultado es asombroso.
"¿Qué te pasa Antonia?", pregunta Anna preocupada. "Estás rara. ¿Ha pasado algo?"
(Trad. de la A.)
En: Stefan Ulrich. "*Quattro Stagioni*"

2.g. Modestia: Pronunciación de palabras extranjeras y aceptación de cumplidos

Es frecuente que los alemanes se quejen de la pronunciación hispana de las palabras inglesas, lo cual ven los hispanos con frecuencia como signo de una típica arrogancia alemana: su pronunciación del inglés también deja mucho que desear (muchos dicen "viski", "vindous" y "se car", para "*whisky*", "*windows*" y "*the car*" por ejemplo). Además critican el hecho de que en español se traduzcan los nombres de ciudades, Londres en lugar de *London*, por ejemplo, olvidando que ellos dicen *Mailand* y no *Milano*, *Rom* y no *Roma*, *Lissabon* y no *Lisboa* etc.

Dicho esto debo admitir que a veces comprendo sus quejas. Una estudiante me contaba que en Sevilla un amigo español le preguntó si conocía a un cantante muy famoso llamado el donjuán. Ella respondió que no. "Shiquilla, cómo no vah a conoceh al donjuán, si eh muy famoso."Como la chica seguía negando conocer al cantante el sevillano empezó a dar detalles: el donjuán había cantado hasta en el funeral de lady Di. "¡Ahhhh! ¡Elton John!" exclamó ella. Aquel tipo, o era muy paleto (palabra difícil de traducir porque aquí no hay una distancia tan grande entre pueblo y ciudad, pero quizá dirían *rustikal*) o, era un guasón. Y esto sucede muy frecuentemente: los estudiantes, más bien, las estudiantes, llegan indignadas por algo que les ha dicho un español, sin darse cuenta de que les estaba tomando el pelo. Algo que tanto los hombres españoles como los ingleses hacen cuando una chica les gusta. Pero comprendo que les moleste el hecho de que ni siquiera puedan entender aquellas palabras que son internacionales, como los nombres de los actores de Hollywood, tipo Richard Gere.

Lo cierto es que hay una regla cultural que nos impide pronunciar una palabra extranjera con acento extranjero cuando estamos hablando español. Se debe a la modestia, propia de las sociedades femeninas, como señala Hofstede. Muchos dirán que los españoles no pronuncian bien porque no saben. De acuerdo, muchos no saben, pero tampoco lo intentan. Y los que sí saben tampoco lo hacen cuando están hablando español, sólo si están hablando inglés. Si pronunciáramos *Richard Gier*, con marcado acento inglés, eso nos haría merecedores de *apartheid* social por pretenciosos. Hasta nosotros mismos nos daríamos asco, y empezarían a gastarnos bromas del tipo "¿qué te pasa en la boca?" Sólo cuando has vivido un tiempo en un país anglohablante te perdonan ese tipo de fallos culturales. El problema entonces es que te empiezan a ver como inglesa y a decirte que ya no hablas español como antes. Lo digo por experiencia. Como ejemplo sirva una conversación de Cristina López Schlichting, periodista cuya madre es alemana. Cristina fue a la universidad en Alemania. Sin embargo frecuentemente no corrige a sus contertulios cuando repetidamente pronuncian mal palabras y apellidos alemanes, por ejemplo Karl Lagerfield, por Lagerfeld, o el pulpo Pol (con pronunciación inglesa) en lugar del pulpo Paul, con pronunciación alemana. Un día dijo Alzheimer, pronunciado a la alemana. Una contertulia repitió la palabra, en el típico tonito burlón español en estos casos "¡Uy!, ¡Alzheimer! Chica que bien pronuncias." Para sorpresa de cualquier alemán Cristina se disculpó. "Perdón, es que a veces no me doy cuenta." La contertulia entonces quiso recompensar su modestia: "No, mujer, si lo sabes lúcelo." Ante lo que Cristina protestó casi ofendida "No, no. Eso es horrible, pretencioso y pedante. Yo nunca lo hago, sólo que a veces se me escapa."

Que existe esta regla de la modestia se ve claramente en el modo de aceptar o no cumplidos. En español normalmente se rebaja el halago:
- ¡qué falda tan bonita!
- ¿te parece? Pues es de las rebajas de El Corte Inglés. Baratísima.

Esta es una conversación real recogida hace años, tras haber aprendido esta regla cultural en un curso de pragmática. Otro ejemplo real:
-¡qué bien hablas alemán!
-¡qué va, con las terminaciones no doy ni una!

La persona que dice esto puede pensar que su alemán es excelente. Sólo está siendo educada, y tampoco necesita mentir, porque por bien que uno hable un idioma siempre es mejorable.

Si no se elige esa opción de rebajar el cumplido, la otra posibilidad es el humor. Sólo se acepta un cumplido marcando con la entonación y el lenguaje no verbal que estamos de broma. A veces lo acompañamos del gesto que indica que somos conscientes de lo poco modesto de la afirmación (soplarse en las

> **¿Son compatibles la modestia y el orgullo, la feminidad y el machismo?**
>
> *El orgullo cubano, como el español, se basa en el concepto de la honra y es una expresión de la soberanía del individuo, es decir, del mensaje que quiere transmitir: "tengo mi vida bajo control."*
>
> *El concepto del honor consiste en que a una persona se le puede quitar todo menos la honra, que, por eso, se debe defender a cualquier precio. Los ataques contra el honor acaban casi siempre llegando a las manos. Lo más peligroso es insultar a parientes, sobre todo a los muertos. El que pone en duda la (supuesta) virtud de la madre de otro se juega la vida mucho más que en España.*
>
> *El que no se defiende ante tales ataques verbales puede perder rápidamente el respeto de los demás. Se convierte en un pendejo (cobarde, literalmente "vello púbico") y va por la vida sin cojones (como un calzonazos).*
>
> (Trad. de la A.)
> En: Jens Sobisch, *Kulturschock Kuba*

uñas y luego restregarlas en el hombro) y que da un tono guasón a la afirmación.
- ¡qué bien hablas alemán!
- Pues claro. ¿qué no hago bien yo? ¿a ver?
O bien:
- ¡qué falda tan bonita!
- Como todo lo que llevo. ¿O es que tú me has visto a mí con algo feo alguna vez?

Raras veces alguien contestará a un cumplido simplemente con un "Gracias", pero es posible y tolerable. Sin embargo hay otras respuestas que para nosotros son imposibles, para los alemanes no. Hace años expuse esto en un curso de cultura alemana para extranjeros. Una francesa, indignada, dijo:
- ¡Es verdad! Les dices "¡qué bien hablas francés!" Y contestan. "Ya lo sé."

Para algunos alemanes esa contestación también es inaceptable, sin duda, pero algunos la usan y no es tan rechazado como en España. El modo en que aquí muchos exhiben sus títulos etc. muestra que la modestia no es una regla cultural tan importante. En España nadie sabe quién es doctor (excepto los médicos, pero lo son todos, aunque no tengan doctorado). Aquí es parte del nombre. En la consulta del médico lo usan para llamarte (Dr. Schmidt, su turno) y aparece hasta en el carné de identidad. Los alemanes, sin embargo, a veces piensan que a los españoles les gusta darse importancia (*sich wichtig machen*) porque van muy elegantemente vestidos.

Hay una frase que se repite mucho en España y llama la atención de mis estudiantes, que la encuentran muy graciosa: "¡Y no tiene abuela!". Las abuelas son quienes piensan que sus nietos son los más listos, los más guapos, los más simpáticos... Cuando uno peca contra esta regla cultural de la modestia los demás le reconvienen: "¡es que no tiene abuela!" Por eso frecuentemente la persona que ha sido inmodesta se adelanta y dice con sonrisa pícara, como disculpándose, antes de que otro lo diga: "Es que no tengo abuela."

2.h. Al teléfono

2. h.1. Atender el teléfono.

A los alemanes les resulta increíble nuestro "diga". Traducido suena imposible. Mi primer estudiante, un inglés, se burlaba diciendo, mientras fingía tener el auricular en la oreja, "*Speak!*". Ese imperativo salía como un escupitajo, en tono de insulto. La traducción no es nada correcta (sería mejor "*Tell me*", "*Sagen Sie*") pero es cierto que en otras lenguas el comportamiento al teléfono es muy distinto.

Nosotros también tardamos hasta años en ser capaces de atender el teléfono a la alemana. Decir nuestro apellido nada más levantar el auricular nos resulta imposible, increíble, horrible. Sólo las empresas usan ese saludo. Resulta frío. Nos hace sentir una extraña desconfianza, una exigencia casi policial de identificarnos. Nos parece algo opresivo, antipático, antinatural.

No es extraño que en las culturas de cortesía positiva, que no diferencian apenas entre la cara pública y la privada, la gente, al atender el teléfono, adopte un tono desenfadado, relajado. Al fin y al cabo están en su casa. En cambio en las de cortesía negativa nos da la sensación de que ambos interlocutores se miran con desconfianza hasta que se han identificado. Las barreras tardan más en desaparecer, la confianza tarda más en construirse. Aunque las costumbres al teléfono están cambiando mucho por los móviles (celulares) cuando estos aún no eran tan

> **Pagan minutos de conexión antes de ir al grano**
>
> *El italiano es un pueblo muy comunicativo, pero empiezan sus conversaciones telefónicas como autistas. En lugar de presentarse con su nombre, lo hacen con un anónimo "pronto", la precavida expresión de un tanteo verbal. El que llama no sabe si ha marcado el número correcto o si está hablando con el señor de la casa, con su hijo, la amiga de su mujer, un invitado o un papagayo muy locuaz. Por eso, tras otro "Si, pronto", tiene que asegurarse de la identidad de su interlocutor. "Parlo con il signor Uuuulrik?" A lo que el aludido tiene que responder preguntando con quién tiene el gusto de hablar.*
> *Y así ya ha pagado uno varios minutos de conexión antes de ir, por fin, al grano.*
> (Trad. de la A.)
> En: Stefan Ullrich, *Quatro Staggioni*

frecuentes a los alemanes les molestaba que alguien no se identificara al llamar o al coger. ¿Si alguien se había equivocado cómo podían saberlo? A mí esa respuesta no me convencía nada. En España también averiguamos que nos hemos equivocado.

- ¿Sí? ¿Dígame?
- Hola. ¿Puedo hablar con Álvaro?
- Aquí no vive ningún Álvaro. Lo siento.
- ¡Ay! Perdón. Me he equivocado. ¿No es este el 91 3100898?
- No. Es el 91 3100897.
- Perdón. Y gracias.
- Nada. De nada. Hasta luego.

Además cuando llaman a mi casa por equivocación, no me sirve de nada atender el teléfono a la alemana, porque no entienden mi apellido.

- Pérez de Herrasti. *Hallo.*
- *............Ahhhh*
- *Hallo?*
- *Wie war der Name noch mal?* (¿Me repite el apellido?)
- Pérez de Herrasti.
- *Ahhhhhh. Annette?*
- *Nein. Hier wohnt keine Annette.* (No. Aquí no vive ninguna Annette)
- *Aber.....* (Pero)

Frecuentemente tardan en creer que se han equivocado. El método alemán aparentemente ahorraría tiempo (prioridad muy alemana) pero según mi experiencia no puedo confirmar esa supuesta ventaja. Por otro lado a nosotros no saber con quién estamos hablando (¡durante unos segundos!) no nos causa desazón ni desasosiego. Estamos acostumbrados a hablar con desconocidos en tono amistoso. Y pronto son amigos.

Un etíope residente el príncipe Asfa Wossen Asserate escribió un libro sobre las buenas maneras. En este *bestseller*, escrito en alemán, idioma que domina a la perfección, Asserate, pese a ser un enamorado de la cultura alemana, incluso de los denostados *Spießer*, afirma que el modo de atender el teléfono aquí no le parece bien educado. Opina que debe identificarse el que llama y no quien está tranquilamente en su casa y es interrumpido por el otro.

2.h. 2. Atender a conocidos que llaman para hablar con otra persona.

Muchas hispanas se han sorprendido en mis conferencias o clases, pues creían que algún comportamiento era algo típico de sus maridos. No sabían que es común en Alemania, pese a llevar muchísimos años aquí. Me refiero a la manera de actuar con los conocidos que llaman para hablar con otra persona que vive en la misma casa.

Es frecuente que llames a una amiga hispana casada con un alemán y éste apenas responda a tu "hola" en un tono de incomodidad embarazosa, para inmediatamente decir *"Ich gebe dir Elena"* (Te paso a Elena). Y nosotros sentimos que nos dejan con la palabra en la boca. Para muchos hispanos ese comportamiento es como una bofetada en plena cara. En España casi siempre hablo con la mujer o el marido de mis amigos, largo y tendido. Y antes con sus padres o sus hermanos. Había excepciones, claro. Pero en general los adolescentes, si están en casa de amigos, están con toda la familia, porque en España no suelen tener un saloncito (*Sitzecke*) en su dormitorio. Su habitación sólo tiene una cama, un armario y un escritorio. Se encuentran con sus amigos en la calle. En casa les reciben en el salón, con toda la familia. Sólo se pasa al dormitorio para oír música, hacer los deberes, o algo así. Si voy a visitar a una amiga española toda su familia se siente responsable de enseñarme la ciudad etc. Lo mismo me ha pasado en Chile.

Cuando hablo de esto mis alumnos quieren preguntar muchos detalles. Una me preguntó qué hacer si llama a una amiga y atiende el teléfono la madre, a la que no conoce. Recordé el caso de una chica a la que acababa de conocer en un curso en Alcalá de Henares. Volvimos juntas en tren a Madrid e

> *Dejar a uno con la palabra en la boca.*
> *Fr. Volverle la espalda sin escuchar lo que va a decir. (D.R.A.E.)*
> *En cambio el diccionario bilingüe PONS lo traduce como "Nicht ausreden lassen", es decir, interrumpir, algo muy distinto que dejar con la palabra en la boca, sobre todo para un hispano. Estamos acostumbrados a interrumpir sin problemas, pero dejar con la palabra en la boca, es decir, poner fin a la conversación bruscamente, nos parece algo horrible. Por eso nuestras despedidas pueden durar hasta horas, introducidas por la frase: "Nos vamos yendo" (Wir fangen langsam an zu gehen)*

intercambiamos nuestros teléfonos. Cuando llamé, su madre me preguntó quién era, de qué conocía a su hija...No fue como un interrogatorio policial, sino una charla amable, simpática y, que natural, aunque mi madre no lo habría hecho. Uno sabe distinguir el tipo de madre a quien le resulta impensable atender anónimamente a alguien que llama a su hija. Y ella toma la iniciativa.

> ¿Qué es la hipercorrección?
> ¿Por qué se produce no sólo en lo lingüístico, sino también en el comportamiento intercultural?

En el aprendizaje de la cultura, igual que en el de la lengua, se da el fenómeno de la hipercorrección. Un ejemplo de hipercorrección lingüística es el dequeísmo. En el colegio aprendemos que es un vulgarismo, un error: no se dice "Opino de que" sino "opino que". Para evitar ese error tan feo hay gente que evita siempre el "de que", incluso cuando es correcto. Por ejemplo con la expresión "darse cuenta de algo." Muchos dicen "Me he dado cuenta que" (incorrecto) en lugar de "Me he dado cuenta de que". Cometen un error evitando otro. Con la cultura ocu-

---

Impuntuales por buena educación (por no dejar con la palabra en la boca)

El hecho de que el 98% de las citas no se mantengan es algo que en España no está en absoluto reñido con la buena educación. Los españoles consideran muy grosero despedirse de alguien antes de que dicha persona haya terminado de hablar de todas las cosas y personas sobre las que le pida el cuerpo explayarse.

Como los españoles nunca tienen especial prisa en llevar las cosas a término pueden tardar tranquilamente dos o hasta tres horas en agotar todos los temas pendientes. Dado que se considera descortés interrumpir a amigos o conocidos en sus extensas narraciones, sólo para comunicarles que hace tiempo que tendría uno que estar en otro lugar, no se hace sino que se sigue escuchando con total relajación. El consuelo está en pensar que la persona con la que uno había quedado unas cinco horas atrás, sin duda no está esperando impacientemente en el lugar acordado, sino que también está en ese preciso instante oyendo la interminable saga de un conocido al que no puede interrumpir. Con lo cual ha perdido tres trenes y dos conexiones de autobús y no conseguirá acudir a la cita.   (Trad. de la A.)

En: Drew Launay, *Xenophobe´s guide to the spaniards*

rre algo parecido: algunos hispanos actúan de manera más alemana que los alemanes y los alemanes de manera más hispana que los hispanos. En su esfuerzo por adaptarse perciben un código de conducta distinto, pero no el grado adecuado en que hay que aplicarlo, igual que los estudiantes de español pasan una época de "subjuntivitis" en la que quieren colocar el subjuntivo en todas las oraciones, sea o no correcto. Frecuentemente los extranjeros usan los tacos en español de manera exagerada e inadecuada porque perciben que en nuestro idioma son valorados de forma más positiva que en el suyo. Otro ejemplo de hipercorrección es el marido alemán de una amiga española. Cuando llamo para hablar con su mujer él charla conmigo mucho tiempo. Un día hizo algo que nunca me ha hecho ningún español. Empezó a preguntarme sobre mil temas de economía, educación etc. Al cabo de media hora me dijo: "¿Quieres hablar con Alicia? No está en casa."

El extremo opuesto sería el marido alemán de una amiga española que, la primera vez que fui a su casa a cenar, me dejó sola en la cocina mientras su mujer terminaba de arreglarse. No sabía cómo actuar. Pero con los años he visto sus esfuerzos por comprender nuestra cultura. Eso me llevó a formular la pregunta que aparece en el testimonio 12 de los hispanos. Porque los alemanes se quejan de que a veces los hispanos conversamos por compromiso, sin muchas ganas. Lo hacemos porque si no nos sentiríamos espantosamente groseros, fríos, maleducados y seríamos criticados. Mientras que algunos alemanes no conversan en esas situaciones porque desconocen el arte del *small-talk* que nosotros hemos ejercitado desde niños. No se les ocurre qué decir, ni saben si será bienvenido. Pero en su cara se adivinan las ganas de que algo rompa el hielo.

Algunos hispanos que conozco fruncirían el ceño escépticos y dirían que para 4 alemanes que hay como el que acabo de describir, conocen 40 hurados y asociales que no quieren hablar porque no les interesa la gente y sólo se preocupan de sí mismos. (Esta relación de 4 a 40 no es una relación científicamente comprobada, sino la clásica exageración hispana). Bueno, quizá habría que reflexionar sobre si un determinado código cultural no potencia unos u otros rasgos de carácter, si la socialización no influye en nuestra forma de ser. Alguien que tienda a ser arisco en el mundo hispano lo tiene difícil, va a tener que limar esas tendencias y aprender a ser sociable. En cambio en Alemania puede dar más rienda suelta a su tendencia natural. Quien tiende a ser caótico en Alemania tiene que dominar su tendencia más que en España.

2.i. Oralidad

Es frecuente la queja de los extranjeros por la falta de reacción de los hispanos cuando se dirigen a ellos por escrito sin conocerse personalmente. Tanto dentro de una empresa, como a nivel académico, cuando un investigador/empleado escribe a otro cuyos trabajos conoce o cuya asistencia necesita, pero al que no ha visto nunca, los extranjeros suelen tropezarse con un muro. Si supieran que hay culturas más orientadas a las relaciones personales que a los asuntos tratados lo entenderían y sabrían que el modo mejor de obtener algo es cultivar el contacto personal con quien tiene que darme esa información. Sea por teléfono o, aún mejor, en vivo. Los hispanos necesitan poner voz y cara a la gente y les suele molestar que se les trate anónimamente, como un número, como una pieza de un engranaje, de una maquinaria.

La Sra. Carroll observa también que los franceses suelen buscar información preguntando a una persona que conocen y que les dará una información personal, con sus consejos y seleccionando lo mejor. En cambio los estadounidenses llaman por teléfono a una oficina o piden que les manden un prospecto del que extraerán ellos mismos la información que necesitan. Esta tendencia puede observarse también en los hispanos (como los franceses) y los estadounidenses (como los alemanes).

Prioridad de la comunicación oral

Por cierto, a ningún mallorquín le gusta tomar nota de encargos o dar información telefónicamente. El contacto humano personal es más importante. Aun en caso de tener que formular reclamaciones, es recomendable presentarse periódicamente ante el carpintero, fontanero o electricista, en quien nunca se aprecia ni un asomo de mala conciencia. Pronto le saludarán a uno como a un viejo amigo. Entonces el extranjero comprende una vez más que el Oriente no está lejos. ¡Respire hondo! ¡Y disfrute! (Trad. de la A.)

En: Elfie Donelly, *Gebrauchsanweisung für Mallorca*

2. j. Motes

Ya observaban los viajeros ingleses que en el siglo XIX escribieron sobre España, que los españoles tienen muy mala leche. Pero no creo que esta tendencia se deba sólo a la mala uva. También tiene que ver con el mayor rechazo hacia el anonimato en una sociedad que hasta anteayer era profundamente rural, y aún hoy huye de la impersonalidad (o la privacidad) más que nuestros vecinos del norte. El mote crea una familiaridad, un ambiente distendido, puede ser cariñoso e indicar complicidad, y da la posibilidad de hablar de todos, incluso de aquellos cuyo nombre no conocemos.

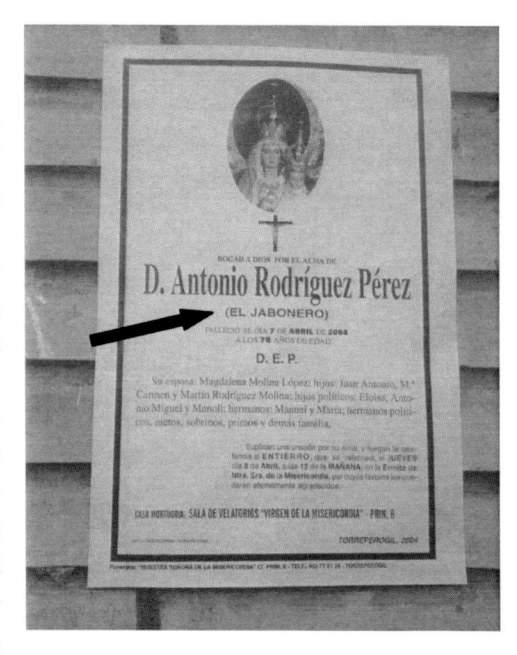

Viajando por Andalucía me sorprendieron unos carteles en las calles de un pueblo de Jaén. Eran esquelas. Bajo el nombre del difunto aparecía su mote, su profesión: "El jabonero". También aparecía así en algunos periódicos, porque si no muchos no reconocerían al difunto.

Fui consciente por primera vez de esta costumbre cuando conocí a un colega de Zaragoza que etiqueta a todo el mundo, conocidos o desconocidos. El apodo para los extraños tiene una función: poder hablar de ellos. Mi colega tenía bautizada a todos esos personajes famosos en toda ciudad de provincias, con sus locos estrambóticos. Pero tampoco aquellos cuyo nombre conocíamos se libraban de la lengua de Agustín, si tenían alguna característica llamativa. En ese caso el mote era para él una especie de caricatura lingüística.

El gusto por los apodos refleja nuestras ganas de reír, de hablar, de crear relaciones personales, familiares, nuestra afición a que nadie ni nada nos pase desapercibido, que quizá nos venga de nuestros antepasados del otro lado del Mediterráneo. Me cuentan que en los países árabes te controlan por la calle y hasta te siguen. Nosotros no llegamos tan lejos pero hay una clara diferencia con los europeos del norte, que puede valorarse positiva o negativamente: "Aquí no hay agresión visual como en España," dicen algunos que lo sienten como un signo de libertad, de que puedes salir a la calle hecha un mamarracho sin que nadie te mire. El caso es que en nuestros países es más difícil pasar desapercibido.

Un estudiante también observó esta costumbre durante una estancia en Andalucía. Edward era un tipo muy en la línea del alemán romántico. Siempre que podía se iba a Conil a hacer un curso de español. ¿Por qué a Conil? Lo lamento por los de la academia de español local si se han quemado las cejas con la propaganda, la formación de los profesores, la programación etc. En esta vida todo es cuestión de estar en la latitud adecuada. Edward no quería ir a Almería, ni Granada, ni Sevilla: "Yo siento dentro de mí que mi camino va hacia el suroeste." Hasta los alemanes románticos dirigen sus sueños con brújula de alta precisión. Siempre llegaba tarde a clase, con los deberes sin hacer, pero al entrar ponía una cara tan simpática que no te podías enfadar. Si un alemán es simpático no se debe esperar que sea puntual, no conviene abusar. El caso es que, con expresión de irónica severidad decía yo: "Buenas noches, Edward." Les llevaba su tiempo procesar por qué saludaba así a las 10 de la mañana, pero una vez comprendida la ironía, para ellos nueva, se reían como si fuera original. Eso es lo bueno de moverse entre varias lenguas: los chistes los tienes hechos.

Físicamente Edward sí era típico. Aunque bajito, tenía los ojos de un azul intenso y el pelo, casi albino, lo llevaba al uno en sienes y nuca, y en la cocorota, con una longitud de un palmo, recogido en una coletilla que apuntaba al cielo. O sea, lo contrario de Vokuhila (*vorne Kurz hinten lang,* delante corto, detrás largo. ¡Estos alemanes tienen palabras para todo!) que sería *Olahiku* (*Oben lang, hinten kurz*) En Conil, aunque hay muchos extranjeros, Edward y su peinado no podían pasar desapercibidos. Me contó que cuando iba por la calle le señalaban y decían muertos de risa: "Míralo, por ahí va, por ahí va. El hombre palmera." Yo me reí y aclaré: *"Das war lieb gemeint"* (Lo decían en plan cariñoso). Y Edward respondió *"Das will ich hoffen!"* (¡Eso espero!)

2. k. Piropos ¿Halago u ofensa?

Foto de www.flickr.com
En flickr escribir "piropo fiu fiuuú!".
Es una foto tomada en Argentina.
Publicación autorizada por Celeste Romero.

Sería interesante organizar en clase un debate titulado: "Piropos. ¿halago u ofensa?", tomando esta foto de flickr como punto de partida. Y es que, para sorpresa de muchas hispanas, muchas alemanas los interpretan como una agresión o no entienden en absoluto qué reacción se espera de ellas. Les resulta difícil comprender que no se espera ABSOLUTAMENTE NINGUNA. Como puede verse en la foto, la chica pasa de largo con expresión seria y sin ni siquiera girar la cabeza hacia el chico que silba. Al ver la foto y escuchar a Vicky Belmonte hablar sobre el tema fui por primera vez consciente de esa regla no escrita que tengo interiorizada desde mi adolescencia. Esa regla que dice que a los piropeadores se les ignora con la altivez de una reina de las de antes. Tanto en Argentina, como en Cuba, como en Brasil etc. funcionan las mismas reglas que en España (J. Sobisch lo cuenta respecto a Cuba). Al leer el artículo de V. Belmonte recordé algo que me demostró hasta qué punto tenemos interiorizada esa regla inconsciente: una vez, caminando por las calles de Londres, vi en una esquina un grupo de chicos hablando entre sí en actitud de tramar algo. Aunque no les oía supe automáticamente que eran españoles y que estaban planeando decirme algo al pasar. En España, como la chica de la foto, habría pasado de largo, pero en Londres sentía la necesidad de hacerles saber que soy española y ver su cara de sorpresa. Cazador, cazado. Al pasar dijeron en español: "¡Preciosa!". Yo encontré una forma de conciliar mi regla cultural de no hacerles ni caso y la apetencia del momento. Seguí andando, pero hacia atrás, mirándoles, mientras decía: "Soy española". Antes de girarme pude ver cómo se quedaban petrificados de sorpresa mientras decían: "¡¿Eres española?!"

En España normalmente son los obreros, albañiles etc. los más aficionados a los piropos. Al pasar delante de una obra una sabe que algo va a oír. No todos los hombres son piropeadores, mucho menos con desconocidas. Y no todos los piropos son galantes y agradables. También hay quienes dicen alguna obscenidad, pero son una minoría. Y en Alemania he oído obscenidades mucho mayores, con la diferencia de que me han llamado a casa para decírmelas (una vez también en la calle) razón por la cual retiré mi nombre de la guía telefónica.

Algunos piropos son improvisados, otros son frases hechas que se copian y se repiten. En youtube puede encontrarse un video con una colección de ellos, de los más poéticos, a los más obscenos. Bastante conocidos son estos:
- *Si la belleza fuera delito tú tendrías cadena perpetua.*
- *Vete por la sombra que los bombones al sol se derriten.* (Bombón significa *Praline,* pero también „chica guapa")

Es gracioso cómo muchos alemanes, cuando oyen esto, hacen el gesto de vomitar, de lo cursi que les parece. Y ese sería un interesante estudio: analizar los conceptos de cursi y otros semejantes en nuestras culturas.

Curiosamente las alemanas piensan que pueden o incluso tienen que contestar al tipo en cuestión. Cuando las hispanas oyen sus extraños comentarios al respecto suben las cejas con asombro y se echan a reír. Una vez una estudiante me dijo muy indignada que los hombres en España eran terribles porque te gritaban por la calle. Como conozco toda la variedad de piropos, desde los agradables hasta los obscenos, me imaginé lo peor, y con cierta vergüenza cultural pregunté: "¿Qué te han dicho?" Para mi sorpresa la chica contestó aún más indignada, como si fuera la ofensa más terrible que había oído en su vida: "¡RUBIA!" Traté de hacerle entender que eso no es nada grave, yo lo he oído mil veces y no entendía por qué le parecía ofensivo. Pero ella siguió explicando: "si quieren conocerme que me lo digan, pero que no me griten." Y ahí ya me quedé con la boca abierta. ¿En qué cabeza cabe preferir que te pidan el teléfono en cada esquina o cada obra, a que te digan "¡rubia!" y te dejen seguir tu camino tranquilamente? Pues en la suya.

Evidentemente esto tiene que ver con la cortesía positiva. Para las mujeres de cortesía negativa un piropo es una invasión de alguien que no conozco y que me grita por la calle. Para muchas mujeres hispanas, en cambio, puede ser algo que les alegra el día, o que echan de menos cuando nadie las mira por la calle, en otro país, o cuando se hacen mayores. Pese a ello también hay mujeres hispanas a las que no les gusta y otras alemanas a las que les encanta ser piropeadas.

Turquía es también un país de cortesía positiva. Un estudiante de familia turca me cuenta que allí los piropos son aún más frecuentes que en España. Y son mucho más habituales en Andalucía que en Castilla o Cataluña. En toda España han disminuido en los últimos 20 ó 30 años.

Abstinencia de sensualidad de un brasileño en Berlín

Tanto aquí, en el autobús, como en el lago nudista, nadie ve a nadie. Uno se siente invisible. Las miradas que se cruzan por casualidad se desvían inmediatamente. Cada uno se retira a su silencio y estoy a punto de convertirme en solipsista. Me voy a bajar y una mujer alta e imponente, con un vestido ceñido que acentúa su bien torneada figura, pasa junto a mí. Decido hacer algunos análisis sociológicos.

En Brasil no sólo se habrían vuelto muchos de los hombres presentes para mostrar su aprobación, sino que algunos habrían cruzado entre ellos mira-das que lo dicen todo, o habrían intercambiado comentarios admirativos. Me paré, seguí a la mujer con la mirada y observé a las personas a mi alrededor. Nadie se giró a mirarla. Nadie la miró. Sólo yo.

En Brasil me quejo a menudo de que la gente grita mucho, se mira, se toca, se acaricia, se abraza, se besa demasiado. Pero aquí siento esa falta como una abstinencia de sensualidad. Pienso en Montaigne, que, si no me equivoco, escribió que el matrimonio es como una jaula: el pájaro que está dentro quiere salir. El que está fuera quiere entrar. Creo que esto vale para todo en la vida, porque hoy me habría gustado volver a casa con la sensación de que, por la calle, alguien me había visto. Y tenía nostalgia de Brasil.

(Trad. de la A.)
En: Joao Ubaldo Ribeiro, *Ein Brasilianer in Berlin.*

Actividades post-lectura

1. En http://www.scribd.com/doc/37199088/conversacion encontrarás una Presentación Power Point con 22 fotos de personas en la calle. Cada una tiene un número. Escribe tus observaciones en una hoja junto al número correspondiente, para luego comentarlas con tus compañer@s. Si no dispones de Internet utiliza las fotos de las páginas 30, 33, 121, 122 y 123. Fíjate en estos aspectos:

   a) ¿En qué país crees que fueron tomadas, España o Alemania? ¿Por qué lo crees?

   b) ¿Dónde se dirige la atención de las personas, qué miran? ¿Hay contacto visual entre ellos? ¿Cierran algo semejante a un círculo, mirándose unos a otros para hablar? ¿Se conocen? ¿Hablan? ¿Por qué algunos están de pie? ¿Hay diferencias entre un país y otro urbanísticamente? Es decir ¿la disposición de los bancos y lugares para sentarse favorece el contacto visual, el círculo o lo impide? ¿Hay diferencias entre las fotos de España, y las de Alemania?

   c) ¿Se trata de grupos grandes o pequeños? ¿Hay diferencias entre las fotos de España, y las de Alemania?

   d) ¿De qué crees que hablan? ¿Están descansando después de andar mucho o han ido para estar ahí, porque pasar la tarde charlando con otra gente era su objetivo? Hay distintos motivos por los cuales uno puede estar sentado en la calle ¿Por qué parecen estar ahí? ¿Qué indicios tenemos para pensarlo? ¿Qué sistema de valores hay detrás de las diferentes motivaciones? ¿Hay diferencias entre las fotos de España, y las de Alemania?

   e) ¿Qué relación tiene todo esto con lo aprendido al trabajar con "Gramática de la cultura I"? ¿Con qué estándares o dimensiones culturales se puede relacionar?

La plaza es el salón

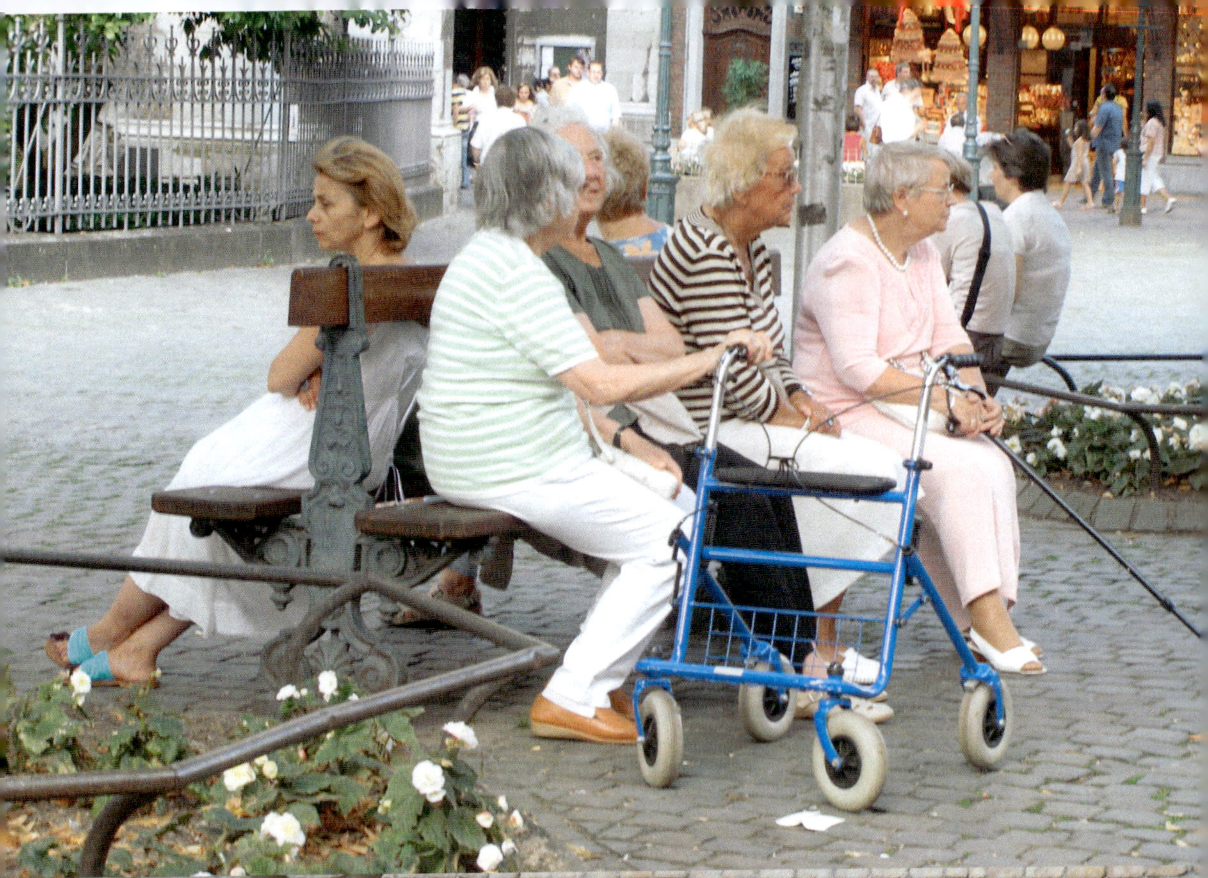

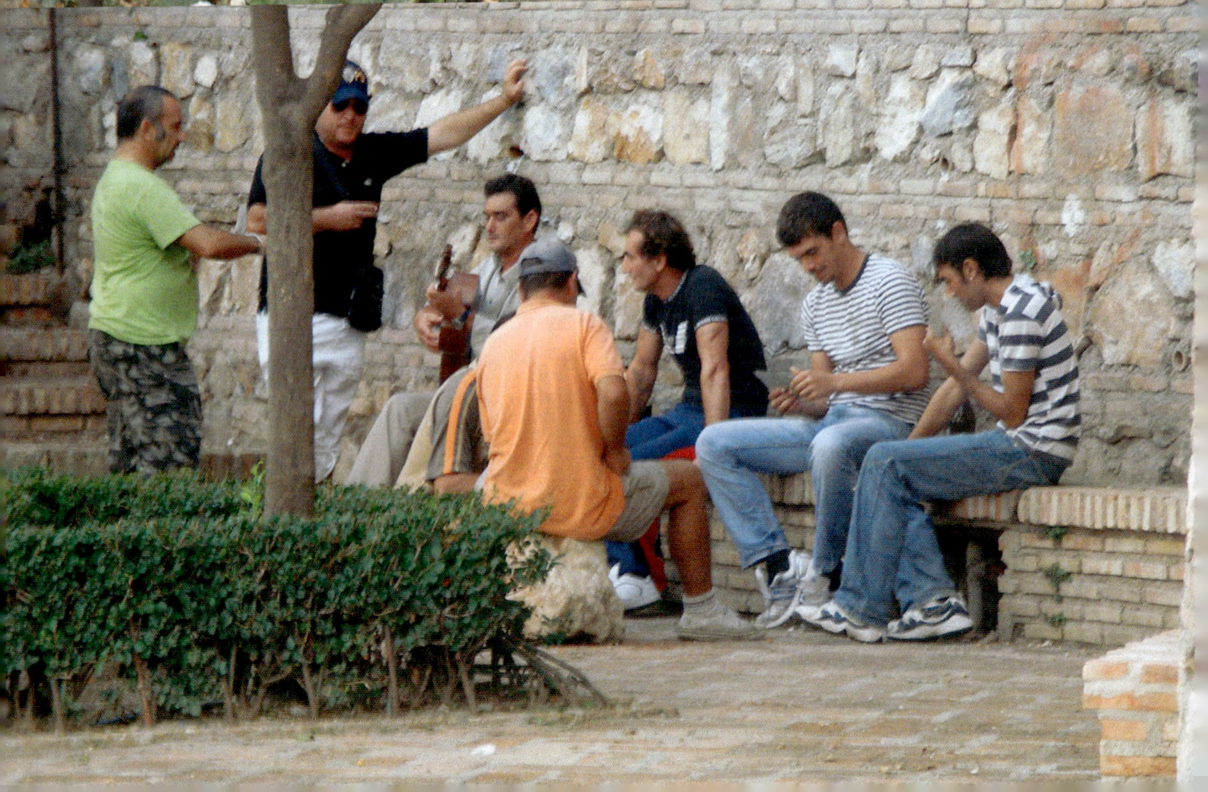

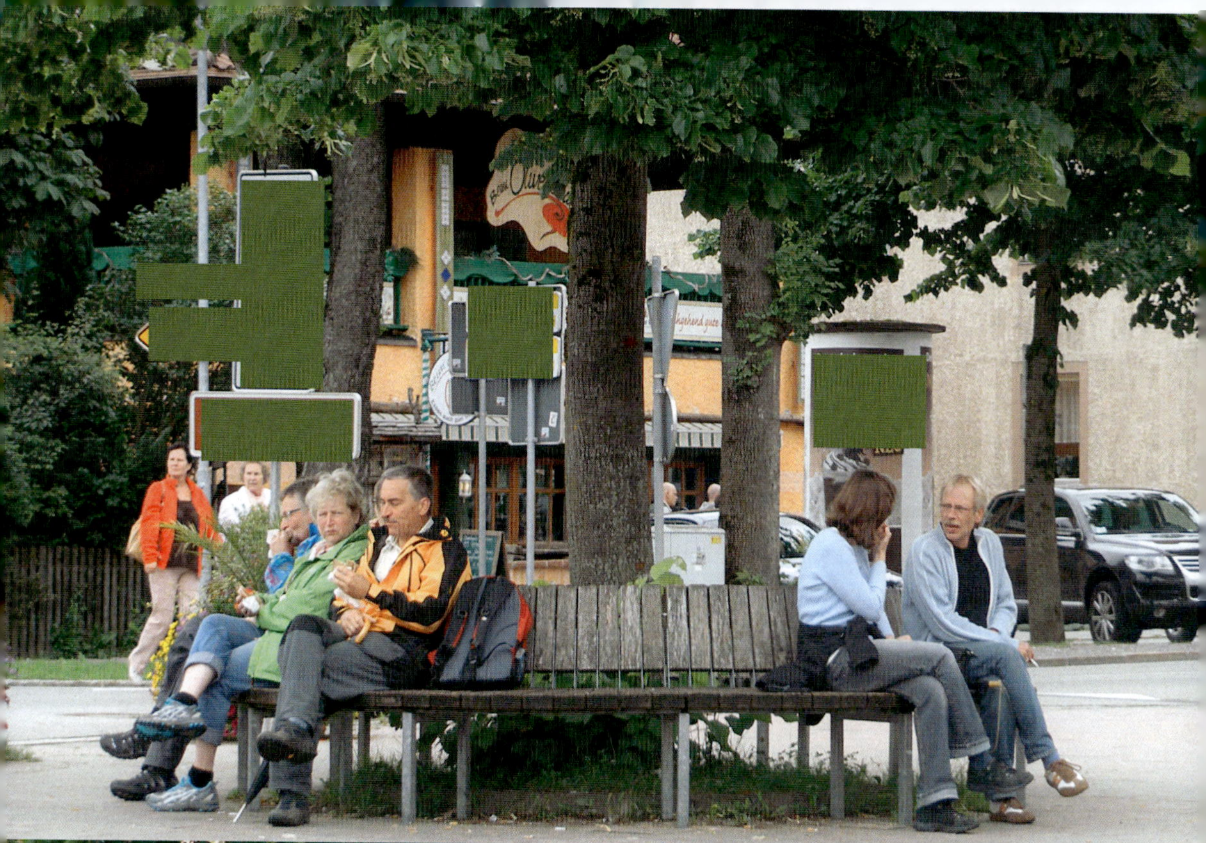

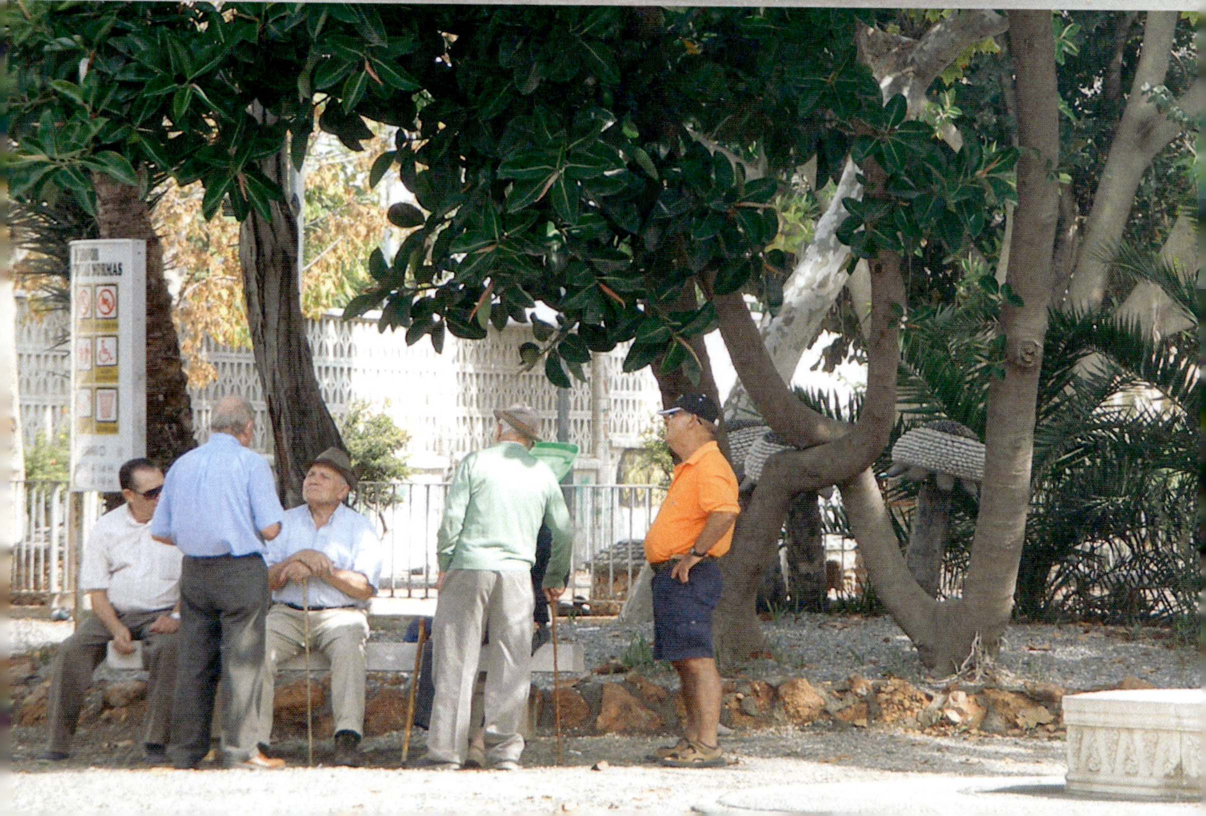

2. Lee los textos de las siguientes páginas y relaciónalos con los puntos de la Conclusión. ¿Qué estándares culturales reflejan? Con tus compañer@s completad la tabla.

Texto	Punto de la conclusión	Estándares culturales
1. Small-talk		
2. Batería de preguntas		
3. Humor de doble sentido		
4. La paciencia de los españoles		
5. Duelo por la muerte		
6. Por los gestos sabes si es cierto		
7. Cualquiera habla con cualquiera de cualquier cosa		
8. No es acoso sino una vieja costumbre		
9. La prisa es poco elegante e indigna		
10. Búsqueda de calidez o de distancia		
11. Hablo luego existo	2.c. Conversación desestructurada. 2.e. Evitar el silencio.	*Personenorientiert. Prioridad de las relaciones sobre los asuntos. Calidez etc.*
12. Entrevistas de		

1. Small talk alemán visto por un inglés

"Small-talk" es una expresión que no tiene equivalente en alemán. La gente se sentiría ofendida ante la insinuación de que alguno de los sonidos que profieren es algo menos que portentoso. La compulsión inglesa por hablar del tiempo es contemplada con compasión. En cambio a los alemanes les encanta hablar del enorme estrés y presión de su trabajo, de las asperezas de la vida, de los síntomas de estrés, enfermedades, días gafados, y otros temas igualmente reconstituyentes. Otros temas populares son las vacaciones, lo mucho que las necesitas, lo mucho que trabajaste la semana pasada, por qué necesitas unas vacaciones urgentemente ahora, por qué esta semana vas a tener que trabajar aún más duramente, y cómo interpretar las vacaciones y el trabajo desde la teoría cuántica de Planck. La idea hegeliana del absoluto o la nueva reforma del sistema fiscal han de ser tratadas con la mayor circunspección, de lo contrario sospecharán que estás siendo sarcástico y frívolo.

El educado "¿Cómo estás?" inglés será probablemente respondido con un examen detallado de pies a cabeza, incluyendo todos los sistemas corporales y sin olvidar ninguno de los órganos principales. Si no quieres saber, mejor no preguntes.

(Trad. de la A.)
En : Barkow y Zeidenitz, *Xenophobe's guide to the germans*

2. ¡Una batería de preguntas y no esperan respuesta! ¡Qué superficiales!

(El Sr. Schmidt va a Barcelona en viaje de negocios. El Sr. Puyols trabaja en la empresa socia de la del Sr. Schmidt. Por eso va a recogerle al aeropuerto)

Justo delante de la terminal está el coche del Sr. Puyols y el motor todavía está en marcha. El parachoques está un poco marcado de golpes y rallado. Mientras conduce, el Sr. Puyols hace muchas preguntas: ¿Cómo te va la vida? ¿Cómo está tu familia? ¿Cómo va en el trabajo? ¿Cómo le va al Sr. Kampe? ¿Sigue el Sr. Müller todavía en la empresa?

Explicación:

Es bastante normal en España hacer más de una cosa a la vez. Este fenómeno se denomina policronía. Los alemanes por el contrario aprenden a hacer una cosa detrás de la otra. (monocronía)

Mientras en España es normal hablar de toda una serie de temas ya durante los primeros minutos de un encuentro, incluso saltando de uno a otro, en Alemania se inicia una conversación a menudo con más calma y se suele responder más o menos a fondo a cada una de las preguntas antes de proseguir con la siguiente. Contrariamente, lo que se espera en España es una respuesta rápida a cada una de esas preguntas ya que pertenecen al mismo ritual de bienvenida. A la pregunta "¿Qué tal?" a veces incluso no se espera respuesta, costumbre que daría a muchos alemanes la impresión de cierta superficialidad.

"¿Qué tal?", "Wie geht's?" se considera en Alemania una pregunta y se espera (normalmente) una respuesta, mientras que en España a menudo se considera una fórmula de bienvenida a la que no hace falta contestar.

En :Springer, Bernd
La comunicación intercultural y la enseñanza de lenguas.

3. Su humor se basa en insinuaciones de doble sentido y tiende a ser grosero

Donde mejor puede observarse el humor cubano es en los innumerables chistes que suelen basarse en juegos de palabras e insinuaciones de doble sentido. Además de la vida cotidiana bajo el socialismo, se burlan de la política y de la debilidad humana (incluida la propia). La burla es también, sobre todo en Cuba, un arma necesaria de resistencia contra la autoridad, que expresa la impotencia y desamparo de la población. Los más valientes se atreven hasta con La Barba, es decir, con Fidel Castro.

Las bromas sobre actividades sexuales, lo que le puede pasar a uno al realizarlas, son muy apreciadas. Por ejemplo: "Oye José, ¿tú mujer está con la regla?"- ¿Cómo lo sabes? ¿Otra vez tengo sangre en el bigote?"

También los juegos de palabras más elegantes que éste tienen como tema el erotismo y las partes del cuerpo utilizadas. Los turistas que hablan un poco de español provocan una y otra vez carcajadas en los cubanos al usar palabras que para ellos tienen varios significados, como "papaya" o "meter".

Aprecian, por tanto, el humor grosero, ese que provoca palmadas en el muslo. El humor fino al estilo de Loriot, o los sketch absurdos como los del grupo británico Monty-Python no tienen muchos seguidores.

También el humor negro es muy apreciado, sobre todo en lo que respecta a la situación económica. "No es fácil", te dicen los cubanos continuamente. Lo acompañan de un suspiro y una sonrisa o una mueca burlona contagiosa que no parece encajar con lo que están diciendo.

(Trad. de la A.)
En : Jens Sobisch, Kulturschock Kuba.

4. La inexplicable paciencia de los españoles. Sorpresas de una francesa fogosa

Nevó en vísperas de Navidad. Hileras de camiones detenidos a ambos lados de la frontera en Irún, esperando que se despejara la autopista. A las ocho y media de la tarde, en la cadena francófona TV5, el telediario de la cadena pública francesa Antenne 2 se hacía eco de la «cólera de los camioneros franceses». Levantando el puño, furiosos, protestaban violentamente contra la incuria de los poderes públicos, esos «incapaces» que ni siquiera podían prever que, al pie de los Pirineos, podía nevar en invierno. A las nueve, las noticias de Telecinco y las de La Primera de TVE mostraban a los camioneros españoles jugando a las cartas, hablando con sus familias por los teléfonos móviles, relajados y sonrientes. "Todo va bien. Estamos entre amigos, jugamos a las cartas. Y, de todas formas, ¿qué le vamos a hacer?"

Esta frase, tan arraigada en la lengua española, encuentra, especialmente entre nuestros amigos que forman parejas franco-españolas, la misma respuesta del lado francés: «¿Cómo que qué le vamos a hacer? ¡No vas a dejar que te tomen el pelo así.,.!». Apresurémonos a decir que quienes exclaman de este modo pocas veces son escuchados y chocan con una total incomprensión. ¿Protestar porque nieva? ¿Porque hay una avería eléctrica? ¿Porque el técnico no ha llegado a la hora acordada? ¿Porque hay demasiada sal o no suficiente aceite? Pero ¿qué puede hacerse?

Es difícil no quedarse pasmado ante ese conductor, empapado por un diluvio, que explica muriéndose de risa que ha caminado durante horas sin encontrar un puesto telefónico que funcione.

En : Martine Silber, *Vaya país*

5. Duelo por la muerte en la novela de Rosa Ribas: dolor sin tapujos frente a contención

Se dirigieron al vestíbulo. Permanecieron en silencio. Desde allí se oía el llanto de la viuda, la letanía que iba repitiendo y la voz de su hija que sonaba en la distancia como una canción de cuna. Esa forma de duelo era para Cornelia a la vez ajena y propia. El dolor manifestado sin tapujos era un recuerdo de su infancia y adolescencia, la muerte de sus abuelos maternos, dos estancias en Allariz, mujeres vestidas de negro velando un ataúd, llantos, gritos, abrazos, desmayos, oraciones. Nada que ver con la contención alemana, las lágrimas secadas nada más surgir, el luto restringido al ámbito del cementerio. El duelo de Magdalena Ríos era perturbador, excesivo a la vez que familiar y, de algún modo, necesario.

En : Rosa Ribas, *"Entre dos aguas"*

Así lo ve un *Gastarbeiter* español

Cerca del taller en que trabajaba había una cristalería y, a fuerza de vernos todos los días durante meses enteros, acabé entablando amistad con un obrero de allí, un tal Kaiser de apellido. Este Kaiser tenía 55 años y había entrado en la empresa a los 14. Toda la vida en el mismo sitio. Un día cayó enfermo y lo ingresaron en el hospital. Yo le preguntaba con frecuencia al jefe de la cristalería por el estado de salud de Kaiser.
- *Ya va mejor- me decía- Pronto podrá volver a trabajar.*

De buenas a primeras me entero un día de que se había muerto y ya estaba enterrado.
Yo, entonces, volví a preguntarle al dueño:
- *¿Qué tal está Kaiser?*
- *Mejor, mejor- me dijo- Lo peor parece que ya ha pasado.*
- *¡Pero si hace dos semanas que está enterrado!- le dije.*

Se quedó helado, sin saber qué contestarme.
- *Bueno, bueno.- se excusó- Es que no nos lo había comunicado.*

Yo le dije que lo mínimo que debían haber hecho, después de tener un obrero allí desde los catorce años, era visitarle alguna vez o interesarse al menos por su salud. Me puso mala cara y se marchó.

En : Canicio, Víctor. *Vida de un emigrante español*

6. Sólo por los gestos puedes saber si la información que te dan es cierta o sólo una hipótesis. A la quinta vez se acepta una invitación

Hay otra experiencia común entre los que viajan solos, que también se debe a este miedo de los cubanos a hacer el ridículo. Si pregunta por dónde se va a un lugar, el cubano, quizá después de pensar un poco, le dará la información encantado. Lo malo es que frecuentemente es incorrecta. Cuando uno se da cuenta quizá haya recorrido ya muchos kilómetros en la dirección equivocada. Pero casi nunca lo hacen con mala intención. Simplemente no son capaces de reconocer que no saben por dónde se va. Por eso formulan una hipótesis con la esperanza de que por ese camino encontremos a alguien que nos pueda dar mejores indicaciones.

Con un poco de práctica aprende uno a reconocer cuándo una respuesta sólo es aparentemente clara: con los gestos dubitativos y los rodeos que subrayan sus palabras quizá nos quieren decir: "No lo sé. Pregunta a otro, por favor. Quizá más adelante conozcan mejor el camino."

(...)Algo parecido ocurre con las espontáneas invitaciones de los cubanos a comer o alojarse en su casa. Por la mímica, la gesticulación o el énfasis, un cubano sabe si la oferta es concreta e inmediatamente válida o si lo han dicho por mera cortesía.

Aceptando inmediatamente la oferta con entusiasmo puede uno a veces poner al anfitrión en una situación terriblemente embarazosa. Quizá ni siquiera pueda pagar la comida. Y dejar que los turistas vivan en su casa podría ocasionarle graves problemas con la autoridad política. La oferta debe entenderse como una mera prueba de simpatía, como un "¡Me caes bien! Vamos a hacer algo juntos hoy, mañana, quizá algún día. ¡El futuro está abierto!"

Lo más seguro es rechazar la oferta con agradecimiento. Si se repite, entonces uno debería por lo menos ofrecer comprar los ingredientes, y llevar un buen regalo para el anfitrión. He visto conversaciones entre cubanos en las que la invitación a comer se repitió 4 veces y 4 veces fue rechazada con gran cortesía y gran cantidad de palabras. Sólo la quinta vez el invitado estaba ya seguro de que sería bienvenido y aceptó.

(Trad. de la A.)
En: Jens Sobisch, *Kulturschock Kuba.*

7. Cualquiera puede hablar con cualquiera de cualquier cosa (excepto de política, tema del que el miedo, la censura y la autocensura, les impide hablar)

En Cuba más que en ninguna otra parte, la comunicación lo es todo. Dicho de manera algo caricaturesca, cualquiera puede empezar de pronto una conversación con cualquiera sobre cualquier tema. La edad, sexo y profesión del interlocutor no importan.

Tengo grabada en la memoria una escena en La Habana: una mujer joven hablaba con el conductor de un Rikscha sobre los pros y los contras de la existencia de Dios. Estuvieron largo rato hablando acaloradamente y me parecía que se conocían hace tiempo y ya habían discutido frecuentemente sobre el tema. Pero resulta que aquel par tan desigual no se había visto nunca y probablemente nunca volverían a encontrarse. La mujer simplemente estaba aburrida. El conductor de la bicicleta podría haber sido yo y el tema de conversación el próximo Mundial de fútbol o la última moda en trajes de baño.

Si intentan hablar con habitantes de las grandes ciudades alemanas de esta manera tan directa, entenderán lo solos y rechazados que se sienten los cubanos que llegan por primera vez a Europa.

(Trad. de la A.)

En: Jens Sobisch, *Kulturschok Kuba*

8. Lo que para nosotros es acoso sexual en Hispanoamérica es una vieja costumbre

A un admirador no buscado habría que pararle los pies lo antes posible. Hay que frenarle al principio porque una vez que un cubano de sangre caliente, especializado quizá en turistas, se ha puesto en marcha, será muy difícil librarse de él. Las extranjeras son para él un doble reto, ya que merecen su atención no sólo por su persona, sino también por su dinero. Con los gigolós especialmente pesados puede funcionar un anillo de casada, la foto de un (supuesto) marido que anda cerca, o un enérgico "¡Que no!"

La mayoría de las europeas no están acostumbradas a ser objeto de silbidos, chasquidos de besos y cumplidos por la calle. Lo que en la mayoría de los países se considera acoso sexual en Hispanoamérica es una vieja costumbre llamada piropo, que los hombres practican de forma irreflexiva desde hace siglos.

¿Quienes son objeto de tales cumplidos deben sentirse halagadas o insultadas? Eso es algo discutible, como también lo es la afirmación de que las mujeres en las culturas machistas hispanoamericanas son tratadas en general como ciudadanas de segunda clase.

Las orgullosas cubanas están acostumbradas a esos gritos y reaccionan de la única forma adecuada: pasando de largo. Las extranjeras deberían hacer lo mismo y hacer caso omiso de todo esto. Las reglas del juego cubanas dicen que a una mujer atractiva deben dejarle fría estos permanentes intentos de ligue, o debe sentirse halagada interiormente. Si reacciona con enfado o se presta a un diálogo acalorado, rompe las reglas y pone en evidencia a su admirador, que frecuentemente no tiene mucha seguridad en sí mismo, lo que, según el temperamento de ambos, puede llevar a los vociferantes discutidores a situaciones desagradables y hasta peligrosas.

(Trad de la A.)
En: Jens Sobisch, *Kulturschock Kuba*

9. La prisa es poco elegante e indigna

El mallorquín cultiva una cultura conversacional completamente distinta de la del centroeuropeo. El vicio alemán de hacer preguntas directas y esperar respuestas directas, al nativo le parece tosco, como un golpe desagradable. También produce extrañeza que al extranjero le guste hablar de sí mismo. Las negociaciones con mallorquines se detienen largo rato en aparentes naderías que sin embargo constituyen la base del conocimiento mutuo. Tras cuidadosos tanteos, se va al grano. Incluso en las formalísimas citas ante el notario- el siguiente cliente ya está esperando ante la puerta- puede llegarse a intercambiar cortesías durante horas. Se dedican a la búsqueda intensiva de conocidos comunes, se investiga cualquier posible relación de parentesco (¿Amengual? ¿Juan Amengual? ¿El primo de Aína? ¿El que estudió en Barcelona?) se comenta el tiempo, la situación económica, los partidos de fútbol. Si se encuentra algo en común la atmósfera se vuelve casi familiar y todos los problemas se resuelven como si nunca hubieran existido. La obligación notarial de leer el texto es liquidada entre dientes por el Sumo Sacerdote de las Escrituras. Entonces se echan unas firmitas como inciden-talmente, de refilón. ¡Listo! Posiblemente todo esto ha llevado tres horas ¿Y qué? La prisa es algo que simplemente uno no tiene. La prisa es poco elegante e indigna. El hombre y la mujer de mundo tienen tiempo. Para escuchar, para mirar, para ponderar y calibrar.

(Trad. de la A.)
En: Elfie Donelly, *Gebrauchsanweisung für Mallorca*

10. Tira y afloja entre la búsqueda de calidez personal, y la distancia objetiva

En el restaurante el Sr. Schmidt sigue hablando sobre la feria comercial Igedo. En ese momento suena de golpe un grito proveniente del televisor: ¡Goooool! Todos miran y comentan la repetición del gol de Saviola. El Sr. Puyols comenta que su hijo también juega en un club de fútbol y que Saviola es su ídolo.(27) „Por cierto, ¿seguro que no quiere probar un poco del rape?" El Sr. Schmidt dice: „No gracias." Pero de todas formas se siente un poco inseguro con su negativa. Piensa que ha hecho algo mal.

Por eso duda un momento y dice: „Por cierto, lo que quería decir sobre la Igedo ..."(28) y explica los cambios que va a haber este año. El Sr. Schmidt se da cuenta de que el tema de la Igedo no le interesa demasiado al Sr. Puyols y se calla.

Después de la comida el Sr. Puyols pide un café y coñac y reacciona con una cara de ligera decepción al ver que el Sr. Schmidt renuncia a ambas cosas.(29) „Seguramente debes estar cansado después del día de trabajo con vuelo y todo."

Explicaciones:
(27) Evidentemente el Sr. Puyols intenta aquí, según las estrategias de conversación de su cultura, cambiar de tema para dejar el tema „frío" del asunto de la feria y dirigirse hacia un tema más personal, más „ameno".
(28) Otra vez la estrategia alemana: ¿Cómo tratar con la inseguridad? Volver al tema técnico u objetivo. Por otro lado, el Sr. Puyols habrá notado negativamente que el Sr. Schmidt no ha aceptado su oferta de dirigirse hacia un ambiente más personal.
(29) En Alemania no se suele tomar café por la noche. Probablemente el Sr. Puyols estaría más a gusto si el Sr. Schmidt le acompañara en este paso de completar la cena. En cambio, así puede tener la impresión de que el Sr. Schmidt quiere terminar la cena.

En : Bernd Springer,
La comunicación intercultural y la enseñanza de lenguas.

11. Hablo, luego existo

De todas las cosas que me encantan de España, lo que más me gusta es HABLAR. Es la expresión de un modo español de sentir la vida: hablo, luego existo. Hablan simplemente porque les gusta, sin fin, a veces sin principio, y, sobre todo, de manera absolutamente repentina y espontánea. Justo como a mí me gusta.

(...) Por todas partes se charla, se parlotea, se arrulla, se ríe, y eso me resulta súper simpático. Se habla de nada y de todo: uno vive y por eso habla. Si se piensa o no al hacerlo, eso es otra historia.

Uno habla con otros o monologa ante otros o con el móvil, o se lanza a cotorrear como para autoafirmarse, justificar su existencia, asegurarse de que uno existe. Se suele hacer en voz muy alta y caóticamente. Como en nuestra" tertulia indiscreta". Allí a menudo hablan distraídamente, todos con todos, al menos con 3 al mismo tiempo, y encima sobre diversos temas: Oscar del sexo al atardecer, Ana de la cañería que se ha roto, Diego de la baratísima peluquería canina que ha descubierto, Pilar del modo típico canario de plantar la vid, y Maite interrumpe para decir que el vino gallego no es tan malo (...) Maite se impone y por eso Beatriz se dirige a Óscar para hablar de temas más espinosos, aunque ella en realidad es demasiado educada para esas cerdadas que estoy escuchando interesadísima por la oreja derecha, mientras Maite saca un cuaderno y lápiz para anotarme las mejores bodegas gallegas(...)y da igual que yo proteste diciendo que eso es muy caro, además he perdido a Óscar y me estoy concentrando en otro tema (...)pero en realidad lo que a Maite le interesa es otra cosa, y agita un periódico que hay que haber leído y comentado sin falta, y habla sobre un pueblo de piedra en la costa, escenario de una serie de televisión, en Asturias, es verdad, qué bonito, qué pena que ya esté quemado con tanta popularidad, y entonces a alguien se le ocurre discutir toda la filmografía de Woody Allen (por Vicky-Cristina-Barcelona) curiosamente lo excesivamente basada que está en el diálogo –madre mía, un campo muy amplio- y además el tema sexual de Óscar es más interesante, a Ana ya se le cierran los ojos, de entusiasmo o cansancio, difícil saberlo, y eso por la mañana temprano, y nadie se da cuenta de que estoy dormida, porque respondo a todo y cuento alguna cosa aburrida de mi vida privada, que no tiene nada que ver con los temas tratados, pero ni llama la atención ni se comenta...

(Trad. de la A.)
En: Andrea Parr, *Das kommt mir spanisch vor.*

12. Entrevistas de trabajo: para los holandeses los estadounidenses son unos fanfarrones

Los candidatos estadounidenses, a los ojos de los holandeses, se sobrestiman. Sus currículos están repletos de superlativos, y detallan todos los títulos, diplomas y distinciones para demostrar sus sobresalientes cualidades. Durante la entrevista muestran una gran autoafirmación y prometen cosas que es improbable que puedan cumplir, como aprender la lengua local en unos cuantos meses.

Los holandeses, a los ojos de los estadounidenses, no se saben vender: sus currículos son cortos y modestos, y cuentan con que el entrevistador averigüe por medio de sus preguntas lo buenos que son. Esperan que sea él quien se interese por conocer las actividades sociales y extraacadémicas que han realizado durante sus estudios. Se cuidan mucho de no parecer fanfarrones y de no hacer promesas que no estén absolutamente seguros de poder cumplir.

Los entrevistadores estadounidenses saben cómo interpretar los currículos y entrevistas de sus compatriotas y generalmente tienden a quitar valor a la información que les llega. Los entrevistadores holandeses, acostumbrados a los candidatos de su país, tienden, por el contrario, a sobrestimar esa información. El guión para que se produzcan malentendidos culturales está servido. Para un entrevistador estadounidense inexperto, un candidato holandés novato es un pobre hombre; para un entrevistador holandés inexperto, un candidato estadounidenses novato es un fanfarrón.

Las sociedades holandesa y estadounidense se asemejan bastante en dimensiones de distancia jerárquica e individualismo descritas en los capítulos 2 y 3, pero difieren considerablemente en una tercera dimensión, que opone, entre otras cosas, la preferencia por un comportamiento de autoafirmación frente a una conducta modesta, contraposición que denominaré "masculinidad-feminidad."

En: Geert Hofstede, *Culturas y organizaciones. El software mental.*

BIBLIOGRAFÍA

- Akyun, Hatice (2005): *Einmal Hans mit scharfer Soße. Leben in zwei Welten,* Múnich, Goldmann.
- Aramburu, Fernando (2010): *Viaje con Clara por Alemania*, Barcelona, Tusquets.
- Ardagh, John (1995): *Germany and the germans,* Londres, Penguin.
- Asserate, Asfa-Wossen (2003): *Manieren,* Frankfurt am Main, Eichborn.
- Atienza Merino, Jose Luis (2005): *¿Cómo se ven?¿Cómo nos ven? Atrapados en los estereotipos. Una investigación sobre las representaciones culturales de los estudiantes extranjeros de la universidad de Oviedo*, Oviedo, Ediciones de la Universidad de Oviedo
- Barkow, Ben y Zeidenit, Stefan (1993): *The xenophobe's guide to the germans*, Londres, Ravette Publishing.
- Belmonte, Vicky (2004): "El componente cultural y su integración en la enseñanza del español como lengua extranjera." En: *Hispanorama. nº103, Febrero 2004.*
- Boyes, Roger (2006): *My dear Krauts. Wie ich die deutschen entdeckte,* Berlín,Ullstein.
- Brislin, Richard (1994): *Intercultural communication training: An introduction*, California/ Londres/ Nueva Delhi, Sage Publications.
- Brown, G. y S.C. Levinson (1987): *Politeness: Some universals in language usage.* Cambridge: CUP.
- Bruckner, Pascal (2006): *Der Schuldkomplex. Vom Nutzen und Nachteil der Geschichte für Europa,* München, Pantheon Verlag, 2008.
- Camba, Julio (1947): *Alemania. Impresiones de un español,* Madrid, Espasa.
- Canicio, Víctor (1979): *Vida de un emigrante español,* Barcelona, GEDISA.
- Carroll, Raymonde (1988): *Cultural misunderstandings, the french-american experience,* Chicago & Londres, The University of Chicago Press.

- Dahms, Martin, "Mis adorables vecinos" en *Vaya país. Cómo nos ven los corresponsales de prensa extranjera,* coord., Herzog, Werner, Madrid, Aguilar.
- D´Aulnoy, Madame (1690): *Relación del viaje de España,* Madrid, ediciones Akal, 1986.
- Díaz Plaja, Fernando (1976): *El español y los siete pecados capitales,* Madrid, Alianza.
- Dinkel, Melanie (2006): *Einschätzung des deutschen und spanischen Kommunikationsstils im Wirtschaftskontext. Hausarbeit zur Erlangung des wissenschaftlichen Grades eines Magister Artium,* Ludwig-Maximilians-Universität München, Institut für Sprechwissenschaft und Psycholinguistik am Department für Kommunikation und Sprachen.
- Donald, Ben (2010): *Deutschland for beginners,* Múnich, Goldmann.
- Donnelly, Elfie (2003): *Gebrauchsanweisung für Mallorca,* Múnich, Piper.
- Drouve, Andreas (2002): *KulturSchock Spanien,* Bielefeld, Reise Know-How.
- Elias, Norbert (1997): *Über den Prozeß der Zivilitation. Soziogenetische und psychogenetische Untersuchungen. Wandlungen des Verhaltens in den weltlichen Oberschichten des Abendlandes*, Frankfurt am Main, Suhrkamp.
- Flippo, Hyde (2002): *When in Germany, do as the germans do. The Clued-in Guide to German Life, Language and Culture*, Nueva York, MacGraw-Hill.
- Fox, Kate (2004): *Watching the english. The hidden rules of english behaviour,* Londres, Hodder & Stoughton.
- Gelfert, Hans- Dieter (1995): *Typisch english. Wie die Briten wurden, was sie sind,* Múnich, edit. Beck.
- Güngör, Dilek (2007): *Ganz schön deutsch. Meine türkische Familie und ich*, Múnich, Piper.
- Haverkate, Henk (1994): *La cortesía verbal. Estudio pragmalingüístico*, Madrid, edit. Gredos.
- Ídem. (2004): "El análisis de la cortesía comunicativa: Categorización pragmalingüística de la cultura española" en *Pragmática sociocultural: estudios sobre el discurso de cortesía en español*, Barcelona, Ariel lingüística.

- Herbrich, Martin (1994): *Interkulturelles Trainings-Manual für Spanien*. Diplomarbeit (Tesina de licenciatura) de la universidad de Bayreuth.
- Herzog, Werner (coord..) (2006): *Vaya país. Cómo nos ven los corresponsales de prensa extranjera*, Madrid, Aguilar.
- Hofstede, Geert (1991): *Culturas y organizaciones. El software mental. La cooperación internacional y su importancia para la convivencia*, Madrid, Alianza Editorial, 1999.
- Ingendaay, Paul (2002): *Gebrauchsanweisung für Spanien*. Múnich, Piper, 2002.
- Kallinger, Michael (julio de 2004): "Effizient und unhöflich. Deutsche in den Augen Europas". En: *Reader's Digest*, Stuttgart,
- Keim, Lucrecia (1994): *Interkulturelle Interferenzen in der deutsch-spanischen Wirtschafts-kommunikation,* Frankfurt, Peter Lang.
- Koydl, Wolfgang (2009): *Fisch and Fritz, Als Deutscher auf der Insel.* Berlin, Ullstein.
- Launay, Drew (1997): *Die Spanier pauschal*, Frankfurt am Main, Fischer Taschenbuch. (traducido del inglés *Xenophobe's guide to the Spanish*, Londres, Ravette Books Ltd., 1993)
- Lindo, Elvira (2006):"Noche para recordar." En: *El País*, domingo 15 de enero de 2006.
- Lord, Richard (2004): *Culture shock Germany. A guide to customs and etiquette.* Portland, Marshall Cavendish International.
- Marek, A. / Müller, S. et al., (2004): *Unternehmenskultur in Spanien.* Londres/ Frankfurt am Main, IKO- Verlag für Interkulturelle Kommunikation.
- Moreno, Juan (2004): *Von mir aus. Wahre Geschichten*. München, DVA.
- Parr, Andrea (2010): *Das kommt mir spanisch vor. Madrid für Anfänger,* Berlin, Ullstein.
- Pastor Villalba, Carmen (2007): "*Argumentar entre culturas*". En: *Der fremdsprachliche Unterricht Spanisch*, Heft 17/ 2007.
- Pease, Allan & Barbara (2000): *Warum Männer nicht zuhören und Frauen schlecht einparken*, Múnich, Ullstein Taschenbuch.
- Pérez de Herrasti, Natalia, (2009): "Malentendidos culturales y sus orígenes históricos. El papel del dinero" En: Fehrmann, Georg/Klein,

- Erwin (Hrsgg.): *Fremdsprachen im schulischen und außerschulischen Kontext*. Aachen: Shaker Verlag, 81-94. Aachener Schriften zur Didaktik Band 10.
- Pérez de Herrasti, Natalia, (2010) "Conversación". Presentación Power Point en **http://www.scribd.com/doc/37199088/conversacion**
- Piulats, Octavi. (1992):"Extranjeros, ¡no nos dejéis solos con los alemanes!". En *Integral* (7) 343.
- Reisch, Berndhardt (1993) In: „Distanz und Nähe: spanisch-deutsche Kommunikationsprobleme." *Hessische Algemeine Hna.*, 8.4.1993.
- Roth, Juliana y Kock, Christoph (2004): *Interkulturelle Kompetenz. Communication skills*. Ilmenau, EduMediaGmbh.
- Ribeiro, Joao Ubaldo. (1994): *Ein Brasilianer in Berlin,* Frankfurt am Main, Suhrkamp
- Sauzay, Brigitte (1999): *Retour à Berlin. Ein deutsches Tagebuch.* Berlin, edit. Goldmann.
- Schwanitz, Dietrich (1999): *La cultura. Todo lo que hay que saber,* Madrid, Taurus, 2002. (*Bildung. Alles was man wissen muß,* Frankfurt am Main, Eichborn AG.)
- Sevindim, Asli (2005): *Candlelight Döner. Geschichten über meine deutsch.türkische Familie*, Berlín, Ullstein.
- Silber, Martine (2006): "La inexplicable paciencia de los españoles. Sorpresas de una francesa fogosa." En: Herzog, Werner, *Vaya país.*
- Snauwaert, Erwin. (2008):"Unas claves para el contacto comercial entre belgas y españoles: la competencia intercultural en la clase de ELE de Empresariales." En: *Mosaico 23*, Países Bajos y Luxemburgo, Consejería de Educación en Bélgica, pgs. 9-13.
- Sobisch, Jens (2008): *Kultur Schock Kuba,* Bielefeld, Edit. Reise Know-How, Peter Rump Gmbh.
- Springer, Bernd, " La comunicación intercultural y la enseñanza de lenguas" En: *II Encuentro práctico de profesores de ELE en Alemania*. (El artículo puede leerse como documento PDF en Internet) http://www.encuentro-practico.com/pdfw05/springer.pdf
- Ullrich, Stefan (2008): *Quattro Stagioni. Ein Jahr in Rom.*Berlin, Ullstein.
- V.V.A.A.(2000): *Deutsche in Spanien. Erlebnisse und Erzählungen deutschprachiger Autoren*, Chiclana, edit. Unico.
- Weiler, Jan (2009): *María, ihm schmeckt´s nicht!* Berlín, Ullstein.
- Yang, Liu (2007): *Ost trifft West*, Schmidt, Mainz.